ज्योति चावला

5 अक्टूबर, 1979 को दिल्ली में जन्मीं ज्योति चावला कविता और कहानी-लेखन में समान रूप से सक्रिय हैं।

उनकी प्रकाशित पुस्तकें हैं— 'माँ का जवान चेहरा', 'जैसे कोई उदास लौट जाए दरवाजे से', 'यह उनींदी रातों का समय है' (कविता-संग्रह); 'अँधेरे की कोई शक्ल नहीं होती' (कहानी-संग्रह) और 'कथा, अन्तर्कथा, अन्तर्पाठ' (आलोचना)। अनेक कविताएँ विभिन्न भारतीय भाषाओं में अनूदित होकर प्रकाशित हो चुकी हैं।

कविता के लिए 'शीला सिद्धान्तकर स्मृति कविता सम्मान' और 'जे.सी. जोशी स्मृति पाखी कविता सम्मान' से सम्मानित ज्योति वर्तमान में इन्दिरा गांधी राष्ट्रीय मुक्त विश्वविद्यालय (इग्नू), दिल्ली में अध्यापक हैं।

ई-मेल : jtchawla@gmail.com

यह उनींदी रातों का समय है

ज्योति चावला

राधाकृष्ण पेपरबैक्स

राधाकृष्ण पेपरबैक्स में
पहला संस्करण : 2023

राधाकृष्ण पेपरबैक्स : उत्कृष्ट साहित्य के जनसुलभ संस्करण

राधाकृष्ण प्रकाशन प्रा.लि.
जी-17, जगतपुरी, दिल्ली-110 051
द्वारा प्रकाशित

शाखाएँ : अशोक राजपथ, साइंस कॉलेज के सामने, पटना-800 006
पहली मंजिल, दरबारी बिल्डिंग, महात्मा गांधी मार्ग, प्रयागराज-211 001
वेबसाइट : www.radhakrishnaprakashan.com
ई-मेल : info@radhakrishnaprakashan.com

बी.के. ऑफसेट
नवीन शाहदरा, दिल्ली-110 032
द्वारा मुद्रित

मूल्य : ₹199

YEH UNINDI RATON KA SAMAY HAI
Poems by Jyoti Chawla

ISBN : 978-81-961487-8-2

माँ के लिए

क्रम

बढ़ना

लड़की आगे बढ़ती है और
उसके पीछे छूट गया बहुत कुछ
चलता है उसके साथ-साथ
वह आगे बढ़ती है और बढ़ने के इस क्रम में
नहीं भूल पाती पीछे छूटे हुए को

लड़की चलते-चलते रुक जाती है और
दम साधे सुनने लगती है
पीछे छूट गए अपने इतिहास के क़दमों की आहट
जो आज भी बिना किसी आवाज़ के
चला आ रहा है उसके पीछे-पीछे।

बेटी

इस पल कोसों दूर बैठी हूँ अपनी बेटी से
सुनसान कमरे में याद आ रही है उसकी खिली मुस्कान
याद आ रही हैं एक जोड़ी चंचल आँखें
जिनकी चपलता को नाप पाना मुश्किल है बहुत
याद आ रही हैं उसकी नटखट हरकतें
उसकी आँखों में ही नहीं पैरों में भी चक्कर है
अक्सर कहती हूँ मैं खीझकर

वह रात को सोने से ठीक पहले
करती है फ़ोन और देती है ढेर सारी हिदायतें
पूछती है मेरी ख़ैरियत के ढेर सारे सवाल
जो सम्भव हो सकते हैं उसकी उम्र में
वह पूछती है मेरा हालचाल
और समझाती है कि
माँ अँधेरे में नहीं देखना फ़ोन और
दूर रखना उसे अपनी देह से

मुझे उस पल न जाने क्यों माँ बहुत याद आती है।

बुरी औरतें

बुरी औरतें अक्सर करती हैं बुरे-बुरे काम
काम जो रह जाते हैं अच्छे कामों की फ़ेहरिस्त से बाहर

वे जाने-अनजाने कर बैठती हैं प्रेम
और उसी में डूबने-उतराने लगती हैं

बुरी औरतों के बुरे होने का औसत होता रहता है कम-ज़्यादा
जिसने प्रेम करके उसे मन में दबा लिया
वह कम बुरी औरत है
जिसका प्रेम दिखता रहा खाने में नमक-तेल की मात्रा के घटने-बढ़ने पर
वे उस श्रेणी में आती हैं थोड़ी ऊपर
जिन औरतों ने दबी ज़बाने में स्वीकार लिया अपने प्रेम को
वे औरतें बुरी औरतें कहलाती हैं ज़माने-भर की ज़बान से
कुछ होती हैं बाग़ी औरतें भी
जो प्रेम में लाँघ जाती हैं सारी सीमाएँ

वे इस परिभाषा की पराकाष्ठा पर ठहराई जाती हैं
और मौक़ा देखते ही कर दिया जाता है उनका परिमार्जन
कि अधिक बुराई वहन नहीं कर सकती पृथ्वी

कुछ बुरी औरतें वे भी होती हैं

जो करती हैं सवाल बन्धन पर उसकी जकड़न पर
वे जिरह करती हैं दीवारों से
प्रश्न खड़े करती हैं दरवाज़ों पर

वे हवाओं को शक की निगाह से देखती हैं
और सवाल उठाती हैं उनके एक ही दिशा में चलने पर
वे ताक में रहती हैं क़िलों को भेदने की और
उड़ जाती हैं सुराख़-भर जगह से फुर्र कर
कुछ बुरी औरतें सपनों में करती हैं सुराख़
और भागती रहती हैं हर रात
उनींदी आँखों में

कुछ लौट आती हैं अपने ही किए सुराख़ों के रास्ते वापस
और इस तरह कम और ज़्यादा बुरी औरत के
खाँचे में झूलती रहती हैं उम्र-भर

हो सके तो बचो ऐसी बुरी औरतों से
जो पृथ्वी और सूर्य की गति पर भी खड़े करती रहती हैं सवाल
धरती को अपने अक्स पर टिकाए रखने के लिए
बुरी औरतों से दूर रहना ज़रूरी है।

फेसबुक पर स्त्री

सुबह-सुबह मन्दिर में जलाती है दीया
दोनों हाथों की ओट से
पुचकारती है बच्चों को, लुटाती है मन-भर प्यार
और देकर माथे पर प्यारा-सा चुम्बन
भेजती है स्कूल उन्हें
घूमती है गृहस्थी के चारों ओर ऐसे
जैसे घूमती है पृथ्वी
उनकी मुट्ठी में रख अपनी आस्था और
विश्वास दिलाकर अपने प्रेम का चुराती है कुछ पल अपने लिए

बादलों में रख मन-भर बारिशें
सूरज में रख ज़रूरत-भर धूप
आँगन में रख नन्ही गौरैया और
हवाओं में रख मीठे झोंके
वह सजती है ख़ुद के लिए पल-भर
निहारती है ख़ुद को आइने में
तलाशती है वे सारी उम्मीदें जो
कर न पाई पूरी वह कभी वक़्त रहते
लेती है अपनी मनमोहक सेल्फ़ी स्मार्टफ़ोन से और
डाल देती है फेसबुक पर

वह रोज़ रख सिक्कों में खनक
हवाओं में ख़ुशबू
झोली में दुआएँ और रसोई में नमक का सही-सही स्वाद
चुराती है कुछ पल नितान्त अपने लिए और
झाँक लेती है धीरे-से आँगन की देहरी के बाहर
वह फेसबुक पर बनाती है दोस्त
वह साझा करती है उन संग कुछ अनछुए एहसास
वह मुक्त कर देती है नन्हे-नन्हे जुगनुओं को जो
दफ़्न ही रहे उसके भीतर न जाने कब से

वह मुस्कुराती है और फिर खींचती है अपनी तस्वीर
और अपडेट कर देती है प्रोफाइल पिक्चर
वह कुछ देर रख देती है घर, आँगन, रसोई और
यहाँ तक कि मन्दिर के दीये को भी ऊँची टाल पर
और हवा हो जाना चाहती है

कुछ पल आज़ाद कर अपने जुगनुओं को
और भरकर नथुनों में सामर्थ्य-भर ताज़ी हवा
वह लौटा लाती है पुचकारकर उन्हें वापस अपनी मुट्ठी में
और उनमें से ही एक से
जलाती है शाम का दीया आँगन में।

इन दिनों मन बहुत उदास रहने लगा है

कितने अच्छे थे वे दिन
जब यह दुनिया एक रहस्यलोक थी
सब कुछ ढँका-छिपा था मोटे-मोटे परदों के पीछे
कुछ भी जानने के लिए करनी होती थी जद्दोजहद
कुछ भी पाने के लिए दरकार होती थी अपने श्रम की
और बाद इसके भी यह तय नहीं कि हासिल हो ही जाएगा सब कुछ
हम कोशिश करते थे रहस्य की गुत्थियाँ सुलझाने की
और दिन-भर की मेहनत के बाद भी जब नहीं खुलती थीं गुत्थियाँ
हम झख मारकर उठ जाते थे
और सच कहूँ तो बहुत इच्छा भी नहीं थी सब कुछ को जान लेने की

कितने अच्छे थे वे दिन जब नहीं आती थी चारों ओर से ख़बरें
और हम अपने अबोधपन में ही हँस लिया करते थे खुलकर

बिलकुल नन्ही-सी थी हमारी दुनिया
इतनी कि बाँहों के घेरे में समेट सोया जा सकता था चैन की नींद
हम छूकर तसल्ली कर लेते थे हर उस चीज़ को जो प्रिय है बहुत
ठीक वैसे ही जैसे करते हैं बच्चे गुड़िया का घर बनाकर
और रखकर हर चीज़ अपनी पसन्द की जगह पर

वे दिन सच बेहद सुकून भरे थे जब नहीं आती थीं कहीं से आवाज़ें

और हम अपने ही शोर में दिखाते थे खुद को जी-भर मसरूफ़

और आज जब चारों ओर चल रही है होड़
ख़बरों से पर्दा हटाने की
जब चारों ओर से आ रही है सूचनाओं की बाढ़
मैं डरकर अपनी बाँहें फैलाकर बनाने लगती हूँ सुरक्षा का घेरा
अपनों के लिए
तो पाती हूँ सिकुड़ती ही जा रही हैं मेरी बाँहें
या कि बढ़ता ही जा रहा है मेरा चिन्ता का संसार
चारों ओर से आ रही आवाज़ों ने निर्मित किया है ऐसा भयावह शोर
कि अपनी ही चीख़ दब-सी गई है कहीं

मैं डरकर बन्द करती हूँ टेलीविज़न
खींच देती हूँ तार इंटरनेट की
खोजने लगती हूँ उन राख हो गई सभ्यताओं को
ताकि छिपा सकूँ उनके तल में अपना मोबाइल फ़ोन
और ढूँढ़ने लगती हूँ एक बेहद अँधेरा कोना
जो दूर हो हर चमक से
जहाँ जाकर रह सकूँ अपने परिवार के साथ
और जहाँ मज़े से खेलते रहें मेरे बच्चे अपना मनपसन्द खेल
और बनाते रहें गुड़िया का घर।

आदिम पुरुष के नाम

चलो क्यों न एक साथ समा जाएँ सब स्त्रियाँ
किसी अँधेरी खोह में, जहाँ से
फूटने पर भी न फूटती हो कोई किरण
कि अब और कहने को, गुहारने को जी नहीं चाहता
अब और इच्छा नहीं किसी की आँखों में देखने की
अब नहीं समझाना किसी को कुछ भी
न अपने आँसू, न चहक और
न ओस की बूँदों के ठीक-ठीक मायने अपने जीवन में
मुझे नहीं है अब तुमसे कोई उम्मीद और
जल्द ही छोड़ देगी यह आधी दुनिया
देखना तुम्हारे चेहरे की ओर

सच ही है कि तुम ताक़तवर हो हमसे
कि तुम्हारी शिराओं में दौड़ रहा है गरम ख़ून
जो पहुँचता है तुम तक हमारी ही रगों से
पर आश्चर्य सिर्फ़ इतना कि हमारी रगों से तुम तक
पहुँचता यह ख़ून कब हो गया इतना गरम!

तुम नहीं जानते
कि हमारे ही भीतर गहरी गुफाओं में पल रहे थे तुम सदियों से

कि हमारी ही भोली इच्छाओं ने जन्म दिया है तुम्हें
हमारी ही देह की मिट्टी से उपजे तुम
अब मेरे अंक से ही नहीं
दूर हो गए हो मेरी उम्मीदों से भी
कि मैंने तुम्हें नाउम्मीदी का ख़िताब दिया है

मेरी ही खोहों में जन्मे, आकार लेते तुम अब
साक्षी होगे मेरे ही ख़त्म हो जाने के
तुम देखना धीरे-धीरे रिक्त होगी यह पृथ्वी
सबसे पहले फूल विदा होंगे, कलियों सहित
फिर ग़ायब होंगे इन फूलों के रंग और खुशबुएँ
फिर नदियाँ रूठ जाएँगी किनारों से और
धरती समो लेगी उन्हें अपने भीतर
फिर समुद्र से ग़ायब होगा नमक
अपने ही स्वार्थों में घिरे तुम कहाँ देख पाए
कि कम कर दिया है तुम्हारी खिड़की पर चिड़ियों ने आना
कि उन्होंने छेड़ रखा है मूक प्रतिरोध
तुम्हारी अराजकता के ख़िलाफ़

ग़ायब होने की इस प्रक्रिया में ग़ायब होता जाएगा बहुत कुछ
फिर आँखों से चमक ग़ायब होगी
फिर ग़ायब होगी चाँद की शीतल चाँदनी
कि अब कौन देखेगी उसके निश्छल उजास को
छज्जे पर खड़ी हो कोहनियाँ टिकाए
अब नहीं रखी जाएगी खीर उम्मीद के बर्तनों में
शरद पूर्णिमा की रातों में

फिर धीरे-धीरे मद्धिम पड़ेगी सूरज की रोशनी और
देखते-देखते डूब जाएगा सब कुछ गहरे अन्धकार में
तुम अपनी देह के उफान से जब तक निकलोगे बाहर
तुम्हारे इर्द-गिर्द सब कुछ ख़त्म हो चुका होगा।

ये नन्ही बच्चियाँ हैं जिन्हें हिज्जे भी नहीं आते बलात्कार के

यह कैसा दृश्य हैं कि सड़क पर खड़ी हैं नन्ही-नन्ही बच्चियाँ
और उनकी चीख़ों से काला पड़ गया है आसमान

पटी पड़ी हैं सड़कें बच्चियों से
वे चीख़ रही हैं, चिल्ला रही हैं और
पटक रही हैं अपने खिलौने ज़मीन पर

वे बच्चियाँ हैं हज़ारों की संख्या में
जिनकी उम्र अभी बारह-तेरह की भी नहीं है
देखो तो वे आँगन से उठ आई हैं कन्या पूजन के
और कीचड़ में पाँव पटकती नोच रही हैं अपने कपड़े
उनके हाथों में पकड़ी तख़्तियाँ
मेरे समय के सबसे भयावह दृश्यों में से एक है जिन पर लिखा है
'एम आई नेक्स्ट!'

यक़ीन जानिए, उन्हें ठीक से मालूम भी नहीं है वर्तनी
नेक्स्ट या कि बलात्कार की
पर उन्होंने नहीं पूछे हैं आज उनके हिज्जे किसी से भी
नहीं जँचवाई है कॉपी टीचर या कि माँ से
और निकल आई हैं सड़कों पर

उनके पास थे रंगों के कई डिब्बे
जिनमें भरे थे रंग उनकी पसन्द के
गुलाबी, जामुनी, नारंगी, फ़िरोज़ी, लाल, पीला, नीला, हरा
अभी कल ही तो रँग दिया था उस बच्ची ने माँ का नया दुपट्टा
रंगों में भीगी अपनी नन्ही हथेलियों से
और माँ ने डाँटा था उसे मीठी आँखों से
अपने गालों को कल तक रंगों से रँगती
और आइने में देख ख़ुद को ख़ुद पर ही खिलखिलाती
उस नन्ही बच्ची ने चुन लिया है काला रंग
अपनी उदास आँखों से
उसने खिसका दिया है अपनी हथेली से रंगों का डिब्बा
और सच कहती हूँ उधर आसमान में
खिसक गया है सूरज एक इंच और गहरे अँधेरे की तरफ़।

लड़कियों को प्रेम नहीं करना चाहिए

आज जब तुम नहीं हो मेरे सामने
तुम्हारा अतीत मेरी आँखों के सामने खुल रहा है
देखती हूँ मैं कि कितनी चुप-सी हो तुम
इतनी चुप कि ठूँसे ही जा रही हो चूल्हे में ईंधन
न जाने कितने बरसों से और उसकी आवाज़ तक नहीं देती सुनाई

तुम चुप हो कि तुम्हें चुप्पियाँ ही सबसे अधिक लगीं सुरक्षित
पर आज जब मेरे सामने है तुम्हारा इतिहास
तो इन चुप्पियों के अँधेरे सीलन-भरे कोनों से
सुनाई दे रहे हैं हँसी के निश्छल ठहाके
ठहाके जो कभी तुमने लगाए थे निर्द्वंद्व होकर

तुमने लगाए ठहाके तो एक साथ न जाने कितनी जवान होती लड़कियाँ
अपनी शुचिता के सबूत जुटाने लगीं
तुमने लगाए ठहाके तो
कितनी ही पाठशालाएँ खुल गईं
जहाँ एक ही धुन में रटवाया जाने लगा पाठ
'निष्कलंक' होने का
जब तुम किसी की पीठ पर लिख रही थीं
अपने बेहद टटके प्यार का पहला ककहरा
वेदी पर खड़ी जवान लड़कियों की पूरी क़तार

एक-एक कर अग्नि-परीक्षा से गुज़रते हुए
अपनी शुद्धता के प्रमाण जुटा रही थी
फिर दफ़्न कर दिया गया तुम्हारे अभी-अभी पनपे प्रेम को
और क़समें दिलाई गईं अग्नि के इर्द-गिर्द
होठों और इच्छाओं पर ताले जड़ने की
पहरेदार बैठाए गए चारों ओर
और तुम तब्दील कर दी गईं एक ऐसी शै में
जिसके पास सिर्फ़ देह होती है
पर देह के भीतर कोई मन नहीं होता
उस पीठ पर जहाँ लिखा था तुमने अपने पहले प्रेम का पहला अक्षर
तब से रिस रहा है ख़ून उससे
और तुम हो कि चुप्पी में तब्दील हो गई हो

अब नहीं सुनाई देते तुम्हारी हँसी के निश्छल ठहाके
लेकिन सच कहूँ
तुम्हारी उदास चुप्पी का शोर रात-भर मेरे कानों में गूँजा करता है।

गुलाबी चिट्ठियाँ

तुम्हें याद है रमा, वे ताखे, वे आले
जिनके सहारे तुम्हारा नया-नया प्रेम
परवान चढ़ रहा था
तुम्हें याद हैं वे दीवारें और दीवारों के भीतर के वे सुराख़
जो पनाहगाह थीं तुम्हारे प्रेम की
कि जहाँ से प्रेम में भीगी गुलाबी चिट्ठियाँ
दीवारों की सीमाएँ लाँघ जाया करती थीं
मैं नहीं जानती कि प्रेम में पगी वे चिट्ठियाँ गुलाबी थीं
या दिन-दिन खिलती तुम्हारी गुलाबी रंगत ने
और-और गुलाबी बनाया था उन्हें

सच बतलाना रमा, अपनी पच्चीस बरस की
ऊबती-अघाती गृहस्थी में क्या कभी
वे दीवारें, वे ताखे और आले याद आए तुम्हें
जो तुम्हारे टटके प्रेम के गवाह थे
क्या उन गुलाबी चिट्ठियों की रंगत से
कभी-कभी तुम अब भी गुलाबी हो जाती हो

तुम नहीं जानती रमा, कि जिस रात तुम बैठी थी मड़वे पर
ठीक उसी रात मिट्टी और गारे से
बन्द करवा दिए गए थे दीवारों के सुराख़ सदा के लिए

उन ताखों और आलों को भी दी गई सज़ा
उस घर से बेवफ़ाई की
और उन्हें सदा के लिए शक के दायरों में डाल दिया गया

मड़वे पर बैठी रो रही थीं तुम
और सिसक रही थीं तुम्हारी चिट्ठियाँ, ताखे और आले
तुम विदा कर दी गईं अगली सुबह
और एक ही झटके में पराई हो गई उस घर से
जो तुम्हें प्रिय था बहुत

सच कहती हूँ रमा,
आज तुम्हारे ब्याह के पच्चीस बरस बाद भी
तुम्हारी रखी गुलाबी चिट्ठियों की सिसकियाँ रात में
न जाने कितनी अनजान दीवारों से
सुनाई दिया करती हैं।

कथक सीखते हुए

जानती हो मेरी बच्ची, इन दिनों तुम उड़ने लगी हो
छूकर क्षितिज का आख़िरी कोना लौटती हो तुम
और ज़ोर से मारती हो थई ज़मीन पर

जब लेती हो चक्कर तो पृथ्वी भूलकर अपनी गति
निहारती है तुम्हें एकटक
तुम्हारे ताल, राग, लय, सुर
दादरा, टुकड़ा, झपताल, कहरवा
सब मिलकर गढ़ रहे हैं तुम्हें हर रोज़

तुम इन दिनों व्यस्त हो एक नई भाषा गढ़ने में
जब घूमकर चक्करदार टुकड़ा पर
तुम लौटती हो सम पर
तुम्हारी आँखों का सौंदर्य भरोसा जगाता है मुझमें
कि चारों ओर फैली विद्रूपता को सँवारने के लिए
तुमने डग भरना शुरू कर दिया है।

तुम्हें तितलियाँ नहीं, उनके पंख चाहिए

सुनो, क्या जानते हो तुम
हम लड़कियों के भीतर एक बगीचा है रंग-बिरंगा
जिसमें छिटके रहते हैं रंग दुनियावी रंगों से परे
रंगों की वह परिभाषा नहीं है वहाँ
जो सिखाई गई है तुम्हें किताबों में

सच कहती हूँ, यक़ीन करो
रंगों के सारे समीकरण गड्डमड्ड हो जाते हैं
जब प्रवेश करते हैं नितान्त हमारी दुनिया में

तुम्हें नहीं पता पर तुमने ही
सबसे अधिक शोषण किया है इन रंगों का
रंग जो तितली की पीठ पर सवार होकर आए थे तुम्हारी दुनिया में
उम्मीद से चमकती बड़ी-बड़ी आँखों के साथ
तुम्हीं ने उन्हें रख छोड़ा चौराहे पर और
रौंदने लगे रोज़ अपने मनोरंजन के लिए

जितने अधिक क्रूर होते गए तुम्हारे अट्टहास
उतने ही धूमिल पड़ते गए ये रंग भी
डरे-सहमे से ये निर्दोष
फीके-फीके से दिखते हैं इन दिनों

सुनो, तुम्हारे चश्मे का रंग गाढ़ा है बहुत
ज़रा उतारो उसे आँखों से और
देखो इन्हें छूकर ज़रा
महसूस करो इन्हें चिड़िया के कोमल पंखों की तरह
ये रंग तुम्हारी अट्टहास-भरी दुनिया में रहते-रहते
बेदम हो गए हैं
देखो तो, ये छोड़ने लगे हैं रंगों की चमकीली परत
साँप की केंचुल की तरह

चलो, थामो मेरा हाथ
रंगों की एक ख़ूबसूरत दुनिया है मेरे पास
जहाँ मुहावरे गिरगिट से नहीं
तितलियों से गढ़े जाते हैं
छूकर देखो इन्हें अपने कोमल पोरों से
तय है ये छोड़ जाएँगी अपनी पहचान
तुम्हारे अन्तस पर

मुझे रंगों की अपनी बनाई दुनिया प्रिय है बहुत
चटकीले रंग हर रोज़ मेरी आँखों में उतर आते हैं
और जो तुम देखते हो न लड़कियों को चहकतीं हर दिशा में
यह उनके भीतर बैठी शैतान तितलियों का जादू है
उनके भीतर पैठी ये रंग-बिरंगी तितलियाँ
अक्सर झाँकती हैं उनकी आँखों से
वे परिचय के लिए बढ़ाती हैं अपने पंख तुम्हारी ओर
और इससे पहले कि
वे उतारें निश्छल रंगों की पोटली तुम्हारी देहरी पर
तुम झपट लेना चाहते हो उन्हें
क्योंकि तुम्हें तितलियाँ नहीं, उनके पंख चाहिए।

सेमल के फूल और बेटी

1

जब चारों ओर झड़ रहे हैं पत्ते
शाखों से जुदा होकर
सेमल के फूलों को अपनी रंग-बिरंगी झोली में समेटे
मेरे सामने खड़ी हो तुम और
चमक रही हैं तुम्हारी चंचल आँखें
और मुझे सब कुछ पा लेने की अपनी दौड़
और बेमानी लगने लगी है।

2

अपनी झोली में समेटे सेमल के फूल
दौड़ रही हो तुम सँभल-सँभल कर
ऐसे जैसे पृथ्वी अपने आँचल में समेटे पूरी कायनात
घूम रही है अपने ही अक्स पर सदियों से

3

तुम्हारी झोली में हैं सेमल के फूल
और तुम मुझसे आँखें चुरा रही हो

लेकिन तुम्हारी फ्रॉक पर पड़े ये दाग
बेहद ख़ूबसूरत लग रहे हैं मुझे

4

तुमने अपने आस-पास फैले भरमाते रंगों में से
चुन लिया है सेमल का लाल टहटह रंग
और तुम्हें लेकर मैं उम्मीदों से भर उठी हूँ।

व्यावहारिकता

इन दिनों तुम मुझसे बहस करने लगी हो
बात-बात पर उलझती हो मुझसे
तुम्हारी आँखों में गोते खाते रहते हैं कई सवाल
तुम पूछती हो गरम दहकते सवाल
और मैं तुम्हारी हथेली पर रख देती हूँ
दुनियादारी के नरम शीतल फाहे

तुम सच और झूठ के अन्तर को भी समझने लगी हो बेहतर
तुम खड़ी होती हो सच के पक्ष में
अपनी बुलन्द आवाज़ के साथ
और तुम पर ग़ुरूर करती हुई भी मैं
कहीं सिहर जाती हूँ भीतर से
कि सच के रास्तों ने दुर्गम ही बनाया है जीवन को

तुम्हारी आँखों के दहकते लाल अंगारे
आश्वस्त करते हैं मुझे कि
सही-सही दौड़ रहा है मेरा रक्त तुम्हारी धमनियों में
अन्तर केवल इतना कि
मेरी रगों में दौड़ते रक्त ने बमुश्किल
दुनिया से कदमताल मिलाना सीख लिया है
शायद इसी को व्यावहारिकता कहते हैं।

कहीं कुछ भी उथला न रह जाए

इन दिनों मैं डूब-उतरा रही हूँ
अपने ही भीतर के पानी में
ऐसे जैसे एक प्याला हो मेरी देह और
चाय पत्ती के सैशे-सा मेरा व्यक्तित्व
डूब और उतरा रहा है अपने ही भीतर कहीं

न जाने क्यूँ जितनी बार उबरती हूँ ख़ुद से
फिर-फिर डूब ज़ाना चाहती हूँ ख़ुद में ही
कि सदियाँ गवाह हैं इस सत्य की
जो जितना डूबा ख़ुद में
उतना ही उबरा है औरों के लिए

मेरा मुझमें ही डूब जाना उदास करता है मुझे
और मैं धँसती ही चली जाती हूँ ऐसे
जैसे कोई भारी पत्थर बँधा हो पाँवों में जो
खींचता जाता है मुझे भीतर और भीतर
उबरने के लिए हाथ-पैर मारती है मेरी जिजीविषा
लेकिन कुछ है जो लिये जा रहा है मुझे अतल गहराइयों में

उदासियों के समन्दर लपेटे मैं पा लेना चाहती हूँ ख़ुद को
भीगती रहती हूँ किसी आख़िरी कण तक

और और उदास होती हूँ
समन्दर के गहरे तल से फुदककर कुछ बूँदें
ठहर जाती हैं मेरी आँखों की कोरों पर
और मैं आँखें मींच लौटा देती हूँ उन्हें
अपने ही भीतर के समन्दर को

अभी और डूबना है और जाना है उस तल तक
कहते हैं कि जहाँ के बाद
हार मान लेता है गहरा नीला भयावह समन्दर भी
मुझे अपने भीतर की गहराइयों से लौटते रहना है बार-बार
ताकि मुझमें कहीं कुछ भी उथला न रह जाए।

मेरी दुनिया के बच्चे

जिस समय अपने बच्चे को बगल में सुलाए हुए हूँ मैं
और मुस्कुरा रहा है वह सपनों की ख़ूबसूरत दुनिया में
ठीक उसी वक़्त सहमे हुए हैं बच्चे अपनी माँ के सीने में धँसा सिर
गली में गूँज रहे जूतों की आवाज़ से

जिस समय मैं सुना रही होती हूँ कहानियाँ अपने बच्चों को
और भौंचक आँखों से वे डूब रहे होते हैं
अपनी मासूमियत के समन्दर में
उस समय वे बच्चे वक़्त से पहले हो रहे होते हैं बड़े

जिस समय मैं डाँट रही होती हूँ उन्हें
तेज़ धूप या बारिश में खेलने पर
उन्हें डपट रही होती हूँ मन-भर शरारत करने पर
ठीक उसी समय दूर बैठे वे बच्चे
अपनी खिड़कियों पर गिरे पर्दों से झाँक रही झिर्री-भर रोशनी से
निहार रहे होते हैं न जाने कितनी उम्मीदों से

अपने बच्चों को जब हम सिखा रहे होते हैं
ग़लत और सही का ठीक-ठीक फ़र्क़
वे बच्चे ग़लत को स्वीकार कर लेने के लिए
किए जा रहे होते हैं प्रशिक्षित

बारिश के बाद खिलती धूप में
इन्द्रधनुष को पकड़ने दौड़ते बच्चों को नहीं पता
कि इसी धरती पर ऐसे बच्चे भी हैं जिन्होंने
ठीक से देखा तक नहीं सात रंगों को खुली आँखों से

ये बच्चे गहरी नींद में खेल रहे होते हैं पकड़म-पकड़ाई
और घेर लिये जाते हैं बन्दूक़ों से
डरकर जब चिल्ला उठते हैं ये नींद से
तो इनकी माँ दबा देती है मुँह कि
आवाज़ बाहर न जाने पाए झिर्रियों से भी
नहीं तो रात के सन्नाटे को चीरकर आ रही
जूतों की आवाज़ घर के दरवाज़े तक आ पहुँचेगी
ठकठका दिए जाएँगे दरवाज़े बन्दूक़ के हत्थों से
और उठ बैठेंगे सोए बच्चे कच्ची नींदों से
जो नींद में ही सही
थोड़ी बेहतर दुनिया का ख़्वाब देख रहे हैं।

आज़ादी

यह कैसा विरोधाभास है
कि हमारी दुनिया में मनाया जा रहा है जश्न आज़ादी का
बाँटी जा रही है मिठाई और
इतिहास के पन्नों को धिक्कारा जा रहा है
जहाँ लिख दी गई थी गुलामी किस्मत में
लिखी जा रही है नई इबारत आज़ादी की
और दूसरी ओर
जिन्हें सही मायनों में होना था आज़ाद
वे बन्दूक़ों के साये में नज़रबन्द हैं अपने ही घरों में।

नौ माह की गर्भवती महिला और आत्महत्या

मैं सोचती हूँ जिस समय उस औरत ने रखी होगी
ज़हर की गोली अपनी फक्क पड़ चुकी जीभ पर
ठीक उसी वक़्त नाभि के ठीक नीचे उसका नौ-माहा गर्भ
क्या कर रहा होगा
सोचती हूँ तो आँखों के सामने उभर आता है भीतर का दृश्य
वह नौ-माहा गर्भ उस वक़्त होगा शिकायत की मुद्रा में
कि देखो न माँ बढ़ गई हैं मेरी टाँगें
हाथ भी हो गए हैं लम्बे
नहीं समा पाता मैं तुम्हारे भीतर की इस छोटी-सी खोह में
कितनी तो कम जगह है यहाँ
कोई खेल खिलौना भी नहीं बगल में कि बहला सकूँ अपना मन
और मेरे साथी हैं कि दौड़ते फिरते हैं
मैदान के एक छोर से दूसरे छोर तक सरपट

वह ग़ुस्से में मारता होगा भीतर से लातें
कि तुम हो कि समझती ही नहीं
वह ग़ुस्साता होगा, रूठता होगा अपनी माँ से
उस अचीन्ही और नन्ही-सी दुनिया में
पेट पर महसूस कर भीतर का स्पन्दन और हलचल
सहलाया होगा माँ ने और दिखाई होगी अपनी बेबसी

माँ के स्पर्श से भीग गया होगा शिशु भीतर तक
और अपने सद्य जन्मे रक्तिम होंठों से चूम ली होगी
पेट की भीतरी सतह ऐसे जैसे स्पर्श मात्र से ही
मिट गईं सारी शिकायतें उसकी

वह दिन-दिन पल-पल गिन रहा होगा और
होगा उतावला देखने को बाहर की दुनिया
सुना है उसने कि होती है जो रंग-बिरंगी
तितली के कोमल पंखों जैसी

नसों में उतरता, धीमे-धीमे घुलता ज़हर
जिसका कि रंग नीला है, स्याह नीला
जब पहुँचा होगा उस नन्ही जान तक
तो लगा होगा उसे जैसे उसकी बेचैनी देख
माँ ने भीतर ही भेज दिया है नीला आसमान

उसने बढ़ाए होंगे अपने नन्हे हाथ उस एकदम नए रंग की ओर
छुआ होगा उसके ओस-से नाज़ुक फाहों को अपनी जीभ से
कि नन्हे शिशु नहीं जानते जीभ के अतिरिक्त कोई भी अन्य स्वाद

वह होगा मुग्ध कि देखेगा जल्द ही तिलिस्मी दुनिया का अबूझ जादू
फैलाएगा अपने हाथ और पाँव पूरी अँगड़ाई के साथ
कि धीरे-धीरे बदलने लगा उसका भी रंग नीले फाहों में

और आज जब चौबीस घंटों से सो रही है
नौ-माहा गर्भवती की नीली देह निचाट कमरे में
वह नन्ही जान भी जैसे सो गई है भीतर ही
बाहर की दुनिया देखने के कभी न ख़त्म होनेवाले
इन्तज़ार के साथ।

मेट्रो और वह औरत

मेट्रो में बैठी हूँ बमुश्किल अर्जित सीट पर
ठसाठस भरी है मेट्रो एक छोर से दूसरे छोर तक
देहों से फूटती है गन्ध
दिन-भर की जद्दोजहद के बाद घर लौट जाने के उत्साह की
अपनी बेहद सभ्य और गुनगुनी आवाज़ में
घोषणाएँ पढ़ रहे हैं एक स्त्री और एक पुरुष
अगले गन्तव्य की
और मेरे ठीक सामने की सीट पर बैठी एक औरत
रोक लेती है अपने चेहरे पर मेरी आँखें
पल-भर के लिए

चुप बैठी वह औरत जैसे अनजान है पूरे दृश्य से
और आँखें हैं कि बदस्तूर बह रही हैं
आँसू बहते हैं, टपकते हैं और धीमे से
समा जाते हैं उसके गालों में,
चुपचाप बिना कोई आवाज़ किए
ऐसे जैसे खलल न पड़े उस स्त्री के एकान्त में

मैं अनदेखा करने लगती हूँ भीड़ में अकेली उस स्त्री को
ताकि मिल सके उसका एकान्त उसे

और बह जाएँ वे सारे आँसू जिन्होंने
बढ़ा दिया है उसकी देह में नमक का अनुपात

मैं नहीं जानती वह स्त्री कहाँ से आई है
नहीं जानती यह भी कि जाना कहाँ है उसे
यूँ भी तो चलती ही चली जा रही हैं स्त्रियाँ
किसी अन्तहीन यात्रा में बरसों से
बिना कोई आहट किए

इस पल मैं हूँ अपने बिस्तर पर
और सर्द रात के डेढ़ बज रहे हैं
वह औरत रात के गहरे अँधेरे को भेदकर
चली आई है मेरे कमरे तक
वह रोए जा रही है न जाने कितनी सदियों से
और आँसू हैं कि कम ही नहीं पड़ते

मुझे याद आने लगती हैं समुद्र की वे बेचैन लहरें
जो किनारों पर अपना सिर पटक-पटककर लौट जाती हैं वापस

सोनार क़िला और वह बच्चा

सोनार क़िले के सामने बैठ
गा रहा है वह छोटा बच्चा अपनी माँ बोली में कोई गीत
उसके साथ ताल दे रहे हैं कई गवैये
और लोग हैं कि झूम रहे हैं

रंगों से लबालब यह प्रदेश पुकारता है सदा
अपनी बेरंग दुनिया से जब ऊबने लगते हैं हम
तो लौट-लौट आते हैं इसकी रंग-बिरंगी और
सुरीली दुनिया में

अपने हाथों पर करताल देता वह बच्चा
गा रहा है पूरी उमंग से वह गीत—
पधारो म्हारे देस
और ऊबे-ऊँघे लोग डूबने लगते हैं सुरों में

जब सब की नज़रें टिकी हैं उस बच्चे के सुरों पर
वह बच्चा गीत गाते हुए
देख रहा है आसमान में फड़फड़ाती पतंग को
जो बेसुध-सी कटी जा रही है किसी अनजान दिशा में
बच्चे के चेहरे पर उतर आया है सोनार क़िले का सारा सोना

गीत गाते उस बच्चे का दिल
फलाँगते हुए दीवारें और मीनारें
चला गया है उस पतंग को लूटने और
उसकी देह और ज़ोर-ज़ोर से गा रही है गीत—
केसरिया बालम आवो नी
पधारो म्हारे देस।

रात की गहरी चुप्पी में ही सुनी जा सकती है आँसुओं की आवाज़

इन दिनों मेरी आँखों के आगे
कुछ दृश्य ठहर से जाते हैं
कुछ पल रुकते हैं, मेरी आँखों में ताकते हैं
और अजब-सी बेबसी पा
निराश लौट जाते हैं ऐसे
जैसे पूछ रहे हों कि
अब कविता भी नहीं उमड़ती क्या तुम्हारे ज़ेहन में!

मैं अक्सर उन दृश्यों के प्रति ख़ुद को दिखाती हूँ उदासीन
और आँखें फेरकर या कि अनदेखा कर
निकल जाती हूँ क़रीब से
लेकिन रात के गहरे अन्धकार में
जब चारों ओर झींगुरों की आवाज़ के अलावा
कुछ नहीं सुनाई देता
जब फटी आँखों से भी दिखता है
केवल अँधेरा अपने निविड़तम रूप में
ये सारे दृश्य मेरी आँखों के आगे
घूमने लगते हैं बेदम

दिन की स्याह रोशनी में जब ये केवल बेबस दृश्य थे
जिन्हें किया जा सकता था अनदेखा और
मूँगफली के दाने चबाते पास से गुज़र
दिखाया जा सकता था ख़ुद को उदासीन
वे ही दृश्य रात को फ़्लैश की तरह आँखों में कौंधते हैं
थियेटर के डॉल्बी साउंड की तरह गूँजने लगती हैं
इनकी आवाज़ें कानों में
उनकी सिसकियाँ, उनके नारे, उनके गीत, उनकी बड़बड़ाहटें

रात की गहरी चुप्पी में ही सुनी जा सकती है आँसुओं की आवाज़
सीखी जा सकती है दुख को समझने की भाषा
जाना जा सकता है कि आँसुओं की भाषा में
स्वर और व्यंजन के नियम नहीं होते
बल्कि उसका तो पूरा व्याकरण ही
एकबारगी उतर जाता है भीतर और
फिर रात पर राज करते झींगुर
डरकर छिप जाते हैं अपनी खोहों में

मैं डरने लगी हूँ रात से
भागने लगी हूँ इन दृश्यों की क्रमबद्ध ज़ंजीरों से
और दिन की रोशनी में इनके पास से गुज़रते हुए
ज़ोर-ज़ोर से गाने लगती हूँ ख़ुशी का कोई गीत
जिनमें शब्द कम और भौंडे संगीत का शोर ज़्यादा हो
और इस तरह बना लेती हूँ सुरक्षा की चारदीवारी अपने चारों ओर।

चाँदनी ने नहीं देखी है चाँदनी

हथकरघे पर दोनों पैरों और हाथों के ख़ूबसूरत तालमेल से
बुन रही है वह रंगीन स्वप्न
स्वप्न जिनके धागे हैं सपनीले रंगों से
उसके हाथ, पाँव और दिल की धड़कन मिलकर
जैसे कोई राग छेड़ रहे हों उम्मीदों भरा

उसका नाम चाँदनी है जब बताया उसने
तो आँखों के आगे तैर गई श्रीदेवी की तस्वीर
सफ़ेद रंग का सलवार-कमीज़ पहने आँखों से बातें करती
मैंने पूछा चाँदनी से क्या देखी है उसने फ़िल्म 'चाँदनी'
चेहरे पर हल्की-सी मुस्कान खींचे, न में सिर हिलाया उसने
मैंने पूछा क्या जानती हो चाँदनी का मतलब
वह फिर से मुस्कुरा दी और उसकी आँखें झुक गईं
मेरी आँखों के आगे फिर से गुज़र गई
हवा में दुपट्टा लहराती श्रीदेवी की तस्वीर

चाँदनी ने तो सिर्फ़ जाना है हथकरघे का जादू
और उसकी लय से होनेवाला चमत्कार
जिससे चली आती है दाल और गर्म भात की सौंधी खुशबू
उसके नथुनों में

हथकरघे पर कपड़ा बुनती चाँदनी के पास नहीं है
फ़िल्म की चाँदनी जैसा कोई भी सलवार-कमीज़
न ही उसके हाथों में हैं रंगों से भरी नौ-नौ चूड़ियाँ

चाँदनी ने नहीं देखा है पटना या कि मुजफ़्फ़रपुर
उसके ख़्वाबों की लम्बी फ़ेहरिस्त में है एक साइकिल
जिसे पैडल मारती वह घूमेगी एक दिन पूरा गाँव
और कानों में नहीं गूँजेगी करघे या कि घड़ी की टिकटिक की आवाज़

चाँदनी एक दिन जाएगी शहर और
दिन-भर घूमेगी शहर की सड़कों पर
वह देखेगी शहर की ऊँची इमारतें, रंगीन बाज़ार
उसे बैठना है छुक-छुक कर उसके गाँव से गुज़रती
रेलगाड़ी में भी जो
कम नहीं है उसके ख़ूबसूरत सपने से किसी भी तरह

आज श्रीदेवी सरीखी उसकी ख़ूबसूरत आँखों में
समा गया है एक और ख़्वाब
श्रीदेवी की चाँदनी देखने का

जिस दिन देखेगी वह फ़िल्म चाँदनी
उस दिन जानेगी कि उसकी आँखों की चमक के सामने
कितनी फीकी है श्रीदेवी की आँखों की चमक
और यह कि कोई गीत सुरीला नहीं
उसके दिल की धड़कनों में धड़कते ख़्वाबों सा।

अफ़साना नहीं जानती अफ़साना होने का मतलब

वह एक बुझी-सी दोपहर थी जब मैं मिली थी उससे
उसने बताया था अपना नाम—अफ़साना
ऐसे जैसे यह नाम केवल चार वर्णों का जोड़ हो
जिसके कोई मायने न हों इसके अलावा कि
यही है उसकी पहचान

अफ़साना नहीं जानती अफ़साना होने का मतलब
छोटी-सी खिड़की से आती उदास रोशनी से छनकर
दिखाई देते उसके चेहरे पर चिपकी दो आँखों में
दिखी थी एक चमक जब बताया मैंने उसे
उसके अपने ही नाम का मतलब
अफ़साना, मतलब कहानी
अफ़साना, मतलब दास्तान

मैं सुनना चाहती थी अफ़साना की दास्तान
मैं देखना चाहती थी उसकी आँखों में बनते-बुझते ख़्वाबों को
अफ़साना मेरी आँख बचाकर खींच लेती है दुपट्टा
अपनी आँखों पर और
मेरी इच्छाएँ वहीं दम तोड़ देती हैं

मैं झाँकने की कोशिश करती हूँ उसकी आँखों में
मुझे वहाँ सिर्फ़ दो बुझे दीये दिखाई देते हैं
मैं पूछती हूँ अफ़साना से उसके होने के मानी
और वह खिड़की से बाहर पहरा दे रहे अपने
शौहर को देखती है तिरछी आँखों से
और चुपचाप उठकर चल देती है

मुझे उसकी पीठ पर दिखाई देती है एक कहानी
जिसका कोई सुखांत नहीं है।

वे बेसुध औरतें

वे बेसुध औरतें ढलती रातों को उठ बैठती हैं
बुहारती हैं आँगन, गूँथती हैं कठौती-भर आटा
राँधती हैं दाल, सब्ज़ी सबके उठ जाने से पहले
वे नहाती हैं दिन उगने से पहले और
जला देती हैं हाथों की ओट से एक दीया मन्दिर में

ये बेसुध औरतें दिन-भर बीनती हैं गेंहू, चावल
आँखों को सिकोड़कर डालती हैं सुई में धागा
और गृहस्थी की सीवन उधड़ने से बहुत पहले
दुरुस्त कर देती हैं सारी सिलाइयाँ
टाँक देती हैं ढीले पड़ गए बटन
और दुरुस्त कर फिर नया कर देती हैं
बासी पड़ते जा रहे किनारों को

बेसुध औरतों के सीने में धँस जाते हैं उनके घुटने
जब वे चूल्हे के सामने होती हैं
चूल्हे में लकड़ी ठूँसती इन औरतों के
ख़्वाब में नहीं आता कोई ख़्वाब
बेसुध औरतें इसी तरह सीने में घुटने धँसाए
दर्ज हो जाती हैं हमारी आँखों में

ये जाती हैं शादी-ब्याह, मुंडन, संस्कारों में
इनके लिए ख़रीद ली जाती हैं साड़ियाँ
बिना उनकी पसन्द के
ये लगाती हैं फॉल बिना उन्हें एक बार निहारे

बेसुध औरतें दिन-भर दिखाई देती हैं चूल्हे के पास
आलू और प्याज का हिसाब लगातीं
वे आदमी को देखकर उसके पेट की भूख का अन्दाज़ लगा सकती हैं
वे हँसुए को एक पैर से दबाए काटती जा रही हैं तरकारी
रात अँधेरे जब पूरा घर उबासियों और अँगड़ाइयों से होता है लबरेज़
वे एकटक बजते संगीत की धुन पर घिसती जाती हैं बर्तन

बेसुध औरतें न हँसती हैं, न मुस्कुराती हैं
उन्हें तो यह भी वहम नहीं कि
उन्हीं के हाथों पर टिकी है उनकी गृहस्थी

बेसुध औरतों को आता है हुनर
कमर में उठ रही टीस और आँखों पर गिरती नींद को
पूरी शिद्दत से परे धकेलने का
वे न जाने कितने जन्मों से पारंगत हैं इस कला में
कि उन्हें अब इसे साधने की भी ज़रूरत नहीं

बेसुध औरतें ज़रूरत हैं परिवार की
उनके होने से होता है घर
उनके होने से ही होता है घर में कोई यज्ञ बड़ा
उनके होने से ही घड़ी की सुइयाँ अपना रास्ता नहीं भटकतीं
उनके होने से ही चूल्हे और बर्तनों का संगीत बजता है
अपनी सबसे सुन्दर लय में
उनके होने से ही होता है पानी नल में और
नींद बिस्तर पर, लेकिन

बेसुध औरतों को कोई नहीं चाहता
कोई नहीं बैठता पल-भर उनके पास
कोई नहीं लगाता मरहम फटी बिवाइयों पर
किसी ने नहीं पूछा उनसे उनका पसन्दीदा रंग या कि
कौन-सा फूल पसन्द है उन्हें सबसे अधिक
बेसुध औरतों से किसी ने नहीं पूछा
कि कहाँ गया उनकी आँखों का पानी
चेहरे की चमक को क्या हुआ

इस समय जब मैं बैठी लिख रही हूँ कविता
बेसुध औरतें पछीट रही हैं कपड़ों से पानी
ऐसे जैसे झटक रही हों
आँखों को कोई ख़्वाब बुनने से।

उनके पैरों की आवाज़ से काँप रही है पृथ्वी

जिस समय तुम ज़िक्र कर रहे हो
दुनिया के सबसे स्वादिष्ट व्यंजन का
वे लोग रोटी की तलाश में चल दिए हैं तपती सड़कों पर
अपने अदृश्य घरों की ओर
जिस समय सुरक्षा के नाम पर तुम बन्द हो अपने वातानुकूलित घरों में
वे सड़कों के किनारे अपने हाथों की ओट लिये
ताक रहे हैं अन्तहीन सड़क को
जिस समय तुम तैयार कर रहे हो अपनी देह को
किसी अदृश्य ताक़त से लड़ने के लिए
वे सड़क पर नोच कर खा रहे हैं मरे हुए जानवरों का मांस

जिस समय तुम बहस रहे हो छोटे-छोटे स्वार्थों के लिए
ठीक उसी समय वे लड़ रहे हैं ज़िन्दगी और मौत की लड़ाई
जिस समय तुम्हारे बच्चे मशीनों से सीख रहे हैं इनसान होने का पाठ
वे जूझ रहे हैं अपने बच्चों के हिस्से की छाँव के लिए
जहाँ मीलों लम्बी यात्रा के बीच तलाशा जा सके पड़ाव
ताकि बहला सकें वे अपने मासूम बच्चों को

ये सारे दृश्य एक साथ चलते हैं मेरे मस्तिष्क में
और सब कुछ बेमानी लगने लगता है
यह सुरक्षा, यह घर और पेड़ के हरे पत्ते

अपनी बेबसी के पलों में फेसबुक के पेज को स्क्रॉल करती हूँ मैं अनमनी-सी
और सामने खड़ा हो जाता है वह मासूम बच्चा अपनी भूख के साथ
उसकी आँखों में है कभी न ख़त्म होनेवाले सफ़र की दहशत
स्क्रॉल करती हूँ फेसबुक, देखती हूँ टेलीविज़न, देखती हूँ आसमान की ओर
हर जगह भूखी आँखें मेरा पीछा करती हैं
जीवन के सारे सुख और सौन्दर्य के सामने
खड़े हो जाते हैं तलुवे पर उग आए फफोले
मैं बन्द करती हूँ सूचनाओं के सारे दरवाज़े
बन्द करती हूँ अपनी आँखें
बाहर अँधेरा छा जाता है

गोद में अपने नवजात बच्चे को थामे वह स्त्री
पैर घसीटती, भर रही है छोटे-छोटे डग
और उसके पैरों की आवाज़ से बार-बार काँप रही है पृथ्वी।

केवल एक ही रंग

यह समय एक दृश्य है
जिसे बच्चों के मासूम असहाय चेहरों ने भर दिया है
यह समय एक दृश्य है
जिसमें टँकी हैं न जाने कितनी जोड़ी बेबस आँखें
हमारी ओर ताकती हुईं जिनमें अब ठीक से कोई सवाल भी नहीं है
यह समय एक कैनवस है
जिसमें न जाने कितने दृश्यों के बावजूद
दिखाई देता है केवल एक ही रंग
रंगों की दुनिया में उभरे इस नए रंग ने घेर ली है
सारे रंगों की जगह और अराजक हो गया है

मैं पूछती हूँ कलाकारों से, चित्रकारों से कि
क्या नाम देंगे उस रंग को
जिसमें मज़लूम लोगों की बेबसी हो, बच्चों का रुदन हो
सड़क पर जन्म देती और अगले ही पल उसे बाँहों में समेट
चल देती उस माँ की बेबसी को
किस रंग से उकेरा जा सकता है भला
कैसे उकेरा जा सकता है उस चित्र को
जिसमें एक दस महीने का मासूम बच्चा झिंझोड़ रहा है अपनी माँ की लाश
को कैसे बनेगा वह रंग
जिससे एक साथ चरम अट्टहास और चीत्कार को उकेरा जा सके

यह दृश्य एक बेहद अराजक दृश्य है
जिसे उकेरा नहीं जा सकता शब्दों में भी
भाषाएँ सिसक रही हैं अपनी लाचारी पर
अपनी निर्मिति की पूरी प्रक्रिया में इतराती रही हैं वे
कि उनके पास है एक गौरवशाली इतिहास
मनुष्य को शब्दों में उकेरने का

समय जिसमें असहाय होकर रह जाएँ रंग, कलाएँ और भाषाएँ
ऐसे समय को लोकतंत्र तो नहीं कहा जा सकता।

संगीत

(कोरोना महामारी की एक रात)

रात के दो बजे कमरे के बीस डिग्री तापमान में
जब चादर ओढ़े लेटी मैं
तुम्हारी पीठ पर महसूस करती हूँ पसीने की बूँदें
मेरा हाथ खिसककर
तुम्हारे सीने के बाएँ हिस्से पर आकर ठहर जाता है
तुम्हारे सीने में सुनाई देता है
एक निश्चित ताल पर बजता संगीत
इस पल यह संगीत
मुझे दुनिया के हर संगीत से ज़्यादा ख़ूबसूरत जान पड़ता है।

स्वप्न-पुरुष

एक स्त्री जो स्त्री होने की अपनी प्रक्रिया में है
एक अदद मुकम्मल स्त्री
तलाशती रही है अपने स्वप्न-पुरुष को सदियों से
वह तलाश रही है अपने लिए एक ऐसा साथी जो
समुद्र के पानी-सा असीम हो

एक ऐसा पुरुष जो नदी के जल-सा ठहरा हो अपने ही तटबंधों में
जिसमें हो तारों-भरे आसमान के बावजूद
झुककर सब कुछ लुटाने की सलाहियत
एक ऐसा पुरुष जो अपने पुरुष होने के एहसास को छोड़ आए
दरवाज़े से बाहर
और फिर प्रवेश करे एक स्त्री में

तुम जो मेरे जन्मों की तलाश हो, मिले मुझे आज कुछेक पलों के लिए
मेरे स्वप्न में ही और मैं नींद को सीने से लगाए सोती रही
मेरे उस स्वप्न में तुम थे मुझे बाँहों में थामे
और अपने होंठों को मेरे कानों से सटाए
और हम दोनों शायद किसी समाधि में थे
एक-दूसरे के होने के एहसास को जीते हुए

तुम बुदबुदा रहे थे क़ुरान की आयतें, या कोई गीत नया
तुम गुनगुना रहे थे कोई धुन, या कोई नज़्म मुलायम, नहीं जानती मैं
लेकिन उस पल तुम मुझे वैसे ही लगे जैसा होना चाहिए एक पुरुष को
सम्पूर्णत्व से परिपूर्ण और लदी शाख-सा झुका
तुम कोई सूफ़ी लगे मुझे उस पल जिसकी बाँहों में कोई स्त्री नहीं
बल्कि उसका ख़ुदा हो, जिसकी इबादत में झुका हो उसका सिर
तुम में पुरुषों की तय परिभाषाओं का कुछ भी नहीं था
कुछ भी नहीं
तुम उस वक़्त सचमुच एक ऐसे पुरुष थे
जिसका ख़्वाब देखती है एक सम्पूर्ण स्त्री
और जिससे मिलती है वह केवल अपने स्वप्न में ही।

उसे क्या पसन्द है, इसकी परवाह किसी को नहीं

उसे रंगों में सबसे अधिक सफ़ेद रंग पसन्द था
बादलों के फाहों-सा उज्ज्वल, सफ़ेद कबूतरों-सा निष्पाप
आँख की पुतली के नीचे दबा अपनी पहचान तलाशता सफ़ेद रंग
लेकिन सफ़ेद को लेकर उसके भीतर ऐसा डर बसाया गया कि
वह ख़्वाब में भी ख़ुद को सफ़ेद कपड़ों में नहीं देख पाती
उसके सपनों में नहीं आते थे सफ़ेद फूल
सफ़ेद अब उसकी ज़िन्दगी में केवल उसकी हँसी में रह गया था
निश्छल और धुला-धुला

उसे पखेरुओं में सबसे अधिक पसन्द थी नन्ही गौरैया
पेड़ की टहनियों में छिपी अपनी आवाज़ से सबको अपनी ओर खींचती
दुनिया को अपने होने से ख़ूबसूरत बनाती
लेकिन धीरे-धीरे निगल गए सारे बाज और गिद्ध उन गौरैयों को
वह सपनों में कभी-कभी बुलाकर मिल लेती उनसे
और भेज देती प्यार-भरे सन्देश सफ़ेद बादलों और उजले कबूतरों के नाम

उसे अच्छा लगता था चाँदनी को निहारना रात-भर
वह पहाड़ की सबसे ऊँची चोटी पर खड़ी होकर
पुकारना चाहती थी चाँद को अपने क़रीब

और रात-भर बतियाना चाहती थी उसके कांधे पर रख अपना सिर
उसने सोचा था एक रात देखेगी अँधेरे को
अपनी चादर समेट सुबह में समा जाते हुए

पर उसे सुबह जल्दी उठ आँगन बुहारने के काम में लगा दिया गया
वह रोज़ चुन लेती थी झाड़ू से बटोरकर सारे सितारों को
जो रात-भर बरसते रहे आकाश की आँखों से
वह उनसे ही चाँद का पता पूछ लेती और
चुपके से दुबका लेती सितारों को
अपने आँगन के पिछले हिस्से में
और इन्तज़ार करती ऐसी रात का जब वह जगाएगी
सब सितारों को और सुनेगी उनके क़िस्से मन भर
वह उनसे पूछेगी कौन गाँव रहता है चाँद
लौट जाता है हर रात किस गाड़ी में बैठकर
और फिर-फिर लौट आता है अगली रात

वह पूछेगी सितारों से कि क्या उन्होंने कभी रात को सुबह में समाते देखा है
वह पूछेगी उनसे कि क्या उन्हें भी लगता है डर रात के अँधेरे से
वह पूछेगी उनसे कि किसने टाँक दिए इतने सितारे आकाश की चादर पर
वह पूछेगी उनसे कि सफ़ेद ही क्यों होते हैं चाँद, सितारे, बादल और कपास
वह हर रात एक सवाल तहाकर अपने तकिये के नीचे रख देती और
सो जाती सुबह जल्दी उठकर झाड़ू बुहारने के इन्तज़ार में
हर रात सितारे ताकते उसके कमरे में
और निराश हो सो जाते आँगन के पिछले हिस्से में
जहाँ उसने दुबकाया था उन्हें एक रात ढेर-सी बातें करने के ख़्वाब के साथ

वक़्त बीतता गया पर वह नहीं जुटा पाई
कुछ पल उन सितारों से बतियाने के लिए
पहाड़ इन्तज़ार करते रहे उसके आने का, पर वह नहीं आई

रात ने समेटते हुए अपनी चादर कई बार याद किया उसको
पर वह सपने में लाल रंग की चुनरी ओढ़े और लाल रंग से माँग सजाए
लौटाती रही सफ़ेद को अपने दरवाज़े से
और उसकी हर रात सफ़ेद पर लाल की जगह घेरने का दस्तावेज़ बन गई।

हदे-निगाह तक जहाँ ग़ुबार ही ग़ुबार है*

फ़रवरी का बीतता महीना
दफ़्तर की खिड़की के परदों को चीरकर
सर्दियों की गुनगुनी धूप मेरे चेहरे पर आकर थम जा रही है
शायद बाहर पंछी धूप में अपने डैने पसारे रात घिरने से पहले
जुटा रहे होंगे ज़िन्दा रहने के लिए ज़रूरी साँसें
और मैं बैठी हूँ अपने कमरे में छत को ताकती एकटक

उठाकर देखती हूँ दफ़्तर के कामों की फ़ेहरिस्त
अपनी ही पीठ थपथपाने का मन करता है कि
निपटा दिए न जाने कितने काम
अपनी ज़रूरत और क्षमता से कहीं अधिक
ज़ेहन में टटोलने लगती हूँ मनपसन्द फ़िल्मों की फ़ेहरिस्त
जो गिरती हैं मेरी रूह के ज़ख़्मों पर रुई के नरम फाहों की तरह
होती हूँ ख़ुश कि देख डालीं वे सभी फिल्में भी ज़रूरत-भर
अपने बच्चों की नज़र में कैसी माँ हूँ यह महसूस कर भी
ग़ुरूर होता है ख़ुद पर कि
उन्होंने कम या अधूरा नहीं पाया मुझे जब भी चाहा
अपने जीवनसाथी के साथ भी थी मैं पूरी शिद्दत से हरदम, हर कदम
पर फिर भी भीतर ही भीतर कुछ बेहद अधूरा-सा लगता है

---

* शहरयार की पंक्ति। आभार सहित।

इतना अधूरा कि सिर तक डूब भी जाऊँ उसमें तो थाह न मिले किनारे की
कुछ है जो कचोटता रहता है दिन-भर, हर वक़्त
कहीं से मुझे ताकता हुआ और मुझ पर ज्यों हँसता हुआ
या कि देखता हुआ मुझे जानलेवा दया से

मैं पूछती हूँ क्या है वह, कौन है वह
जो पुकारता है मुझे कहीं गहरे अँधेरे से या कि न नापी जा सकनेवाली दूरी से
हर दिन उसकी आवाज़ और नुकीली-सी हो जाती है
जो चुभती तो नहीं सीधे मेरी त्वचा को
लेकिन टीसती रहती है हर पल मेरी रूह को
शायद वे अनजाने-अदेखे रास्ते पुकारते हैं मुझे
जिनकी कि कोई मंज़िल नहीं होती
या पुकारता है साँय-साँय गूँजते सन्नाटे से बाहर बजता शोर
जो मुझे खींच निकालना चाहता है लगातार सम पर बजते,
बजते चले जाते नीरस संगीत से
मेरी रूह खिंचती है उसकी ओर और देह है कि जैसे जम-सी गई है
जैसे हौसला ही न रहा हो मुझमें अपने भीतर उठ रहे तूफ़ान से आँख मिलाने का

मैं भाग जाना चाहती हूँ हर पल, हर वक़्त
एक ही दिशा में उठते क़दमों से सने रास्तों से
मैं भाग जाना चाहती हूँ एक ही धुन में हिलती गर्दनों की गहरी सड़ाँध से
मैं चिल्लाना चाहती हूँ अपने भीतर उठ रहे शोर के साथ सुर मिलाकर
मैं दुनिया-भर की नियमावलियों को झकझोर देना चाहती हूँ एकबारगी
और सब कुछ गड्डमड्ड कर ठहाका लगाना चाहती हूँ ज़ोर से
मैं जी-भर चिल्लाना चाहती हूँ, मैं ज़ोर से हँसना चाहती हूँ इस पल
और हँसते-हँसते रो देना चाहती हूँ मन भर

मैं अपनी पूरी ताक़त से कहना चाहती हूँ ग़लत को गलत
और सही के पक्ष में खड़ी होना चाहती हूँ बेख़ौफ़

मैं अपने हिस्से के कामों को रख देना चाहती हूँ कुछ दिन के लिए
बादलों की चादर पर
और लपेटकर फेंक देना चाहती हूँ किसी और दिशा में
मैं इन कामों से ज़रूरी और कई काम करना चाहती हूँ
जो गवाह हों मेरे हाड़-मांस और धड़कते दिल के
कि मैं और नहीं तब्दील होना चाहती बेजान मशीनों में

मुझे चिल्लाना है ज़ोर-ज़ोर से
और ख़ूबसूरत रंगों से सजे-धजे चित्रों को बिगाड़ देना है
अपने दोनों हाथों से जी-भर
कि नहीं मानना वह सब जो कि कह दिया गया
कि नहीं समझना वही सब जो कि समझाया जा रहा है हमें लगातार
मुझे चुप्पियों के ख़िलाफ़ आवाज़ों के पक्ष में
खड़े होकर दर्ज करनी है अपनी उपस्थिति
मुझे बचना है उस अपराधबोध से
जो इस सुरक्षित चुप्पी के बदले में लदता जा रहा है
मेरी पीठ पर और टीस रहा है उसे

शिमला के माल रोड पर
बोझा ढोते मज़दूरों की पीठ की तरह घायल है मेरी पीठ
और मेरी आत्मा भी
और चेहरा है कि लगातार मुस्कुरा रहा है

मेरे चेहरे की मुस्कान ने विद्रोह छेड़ रखा है मेरी आँखों से
कि जब मुस्कुराता है चेहरा तो उदास रहती हैं आँखें
और जब बोलती हैं आँखें तो होंठ गहरी चुप्पी साध लेते हैं

यह कैसी उदासीनता है जिसने
काले कंबल की तरह ढँक लिया है मेरे पूरे अस्तित्व को
यह कैसी बेबसी है कि

गर्दन हिलती ही नहीं किसी अन्य दिशा में चाहकर भी
मैं अपने भीतर के मनुष्य को
मशीन में तब्दील हो जाने की प्रक्रिया के पूरे हो जाने से
ठीक पहले रोक लेना चाहती हूँ।

यह अभिनन्दन युग है

वे लोग तानाशाह का करते हैं अभिनन्दन
वे कहते हैं कि तानाशाह ने ही बचाया है लोकतंत्र को
अपने तानाशाही रवैये से
वे कहते हैं कि न होता तानाशाह तो नहीं समझ आ पाते हमें
मायने लोकतंत्र के
वे कहते हैं और एक साथ चारों ओर से गूँजने लगती हैं
हुआँ हुआँ की आवाज़ें

वे तानाशाह का स्वागत करते हैं और खाते हैं कसमें कि
निरंकुशता को बनाए और बचाए रखने में वे लगा देंगे अपनी पूरी ताक़त
और इस तरह वोट देने के अपने अधिकार से ज़िन्दा रखते हैं वे लोकतंत्र को

वे तानाशाह को पहनाते हैं हार, भरी सभा में
वे माइक पर खड़े हो गुणगान करते हैं तानाशाह के निर्णयों का
और विस्मय यह कि ऐसा करते हुए एकबारगी भी उनकी आवाज़
धोखा नहीं देती उन्हें, नहीं लड़खड़ाती उनकी ज़बान
लगातार धैर्य और संयम के साथ वे हर ग़लत को
साबित करते जाते हैं सही
और इसी उत्साह में हाथ उठाकर लेने लगते हैं शपथ
कि वे इस पूरी व्यवस्था को यथावत् बनाए रखने में

ख़र्च कर देंगे अपनी पूरी ऊर्जा

तानाशाह को बीच सभा में पहनाई जाती हैं मालाएँ
वह सिर झुका जनता के इस अभिनन्दन को स्वीकार कर लेता है सादर
और प्रण लेता है कि जब तक रहेगी उसकी साँस में साँस
वह डिगने नहीं देगा उसे रत्ती-भर
तानाशाह अपने अभिनन्दन के प्रति नतमस्तक हो उठाता है एक और ईंट
और वे हाज़िर कर देते हैं अनगिनत सिर नींव में दफ़्न करने के लिए
और इस तरह मज़बूत होती जाती है लोकतंत्र की इमारत
जिसकी क़ब्र में न जाने कितनी सिसकियाँ दफ़्न हैं।

वह अपने मर चुके सपनों का मर्सिया पढ़ रही है

वह एक लड़की थी सपनों से भरी आँखों से सजी
उसने देखे थे ढेरों सपने अपने बेरंग घर की दीवारों से सटकर
वह अक्सर ख़्वाब देखती थी कि उसकी बाँहों के दोनों ओर
उग आए हैं रंग-बिरंगे पंख और वह उड़ सकती है ऊँची उड़ान
उसने अपनी इन उड़ानों में दोस्ती भी कर ली थी
न जाने कितने पंछियों से

उसने हाथ फैलाकर उड़ने की कोशिश भी की और
इस धोखे से कई बार चोट भी खाई पर वह रोई नहीं
अपने घावों और ज़ख़्मों को सपनीली आँखों की मुस्कुराहट से
चूम लिया उसने

उसे बताया गया कि एक दिन आएगा
इन्हीं सपनों की गलियों से गुज़रकर सपनों का एक राजकुमार
सफ़ेद घोड़े पर सवार
उसकी आँखों में होंगे कई रंग और उठा ले जाएगा वह उसे
उसी सफ़ेद घोड़े पर बैठा
उस पल वह सचमुच उड़ने लगेगी खुले आसमान में

वह लड़की अब हर पल उस
सपनीले राजकुमार के आने का इन्तज़ार करने लगी

वह जान गई थी कि वही है वह राजकुमार
जिसके पास हैं उसके पंख

वह अब सपने देखने की जगह ब्याहे जाने का करने लगी इन्तज़ार
सचमुच आया था राजकुमार उसके दरवाज़े
सफ़ेद घोड़े पर सवार
उसने च्यूँटी काटकर देखा था ख़ुद को, सपना नहीं था यह
सचमुच का राजकुमार था सफ़ेद घोड़े पर सवार

पर महसूस किया था उसने राजकुमार की आँखों में कई रंग नहीं थे
वहाँ तो केवल एक ही रंग था, बड़ा गहरा
जिसे पहचान नहीं पाई वह लड़की उस पल

जिस दिन से ब्याह कर आई वह अपने राजकुमार के साथ
ठीक उसी दिन से इन्तज़ार करती रही वह
अपनी बाँहों में पंखों के उगने का
वह आसमान में उड़ रहे पंछियों संग छूना चाहती थी क्षितिज को
उसने प्रश्नाकुल आँखों से देखा कई बार अपने राजकुमार को
पर दूसरी ओर से कोई जवाब नहीं आया

ब्याह के इतने बरसों बाद
धीरे-धीरे उसने छोड़ दिया सपने देखना
और यह भी कि उड़ सकेगी वह कभी नीले खुले आसमान में उन्मुक्त
अब उसकी ज़िदगी रोज़ एक स्वप्न को दफ़नाने का सिलसिला बन गई है
वह अपनी उदास आँखों में कहीं खोई-सी
अपने मर चुके सपनों का मर्सिया पढ़ रही है।

उसके अधूरे सवाल लटके हैं ब्रह्मांड में

वह शुरू से ही जिज्ञासु प्रवृत्ति की थी
वह परियों की कहानी सुनते वक़्त उनका पता पूछती थी
वह कहानियों में आनेवाले भूत-पिशाच के भूत बन जाने का कारण पूछती
वह पूछती कि क्यों नहीं आती चाँद में रहनेवाली बूढ़ी नानी उनके घर
पूछती वह कि कहाँ जाता है वह सूत जो बूढ़ी नानी बुन रही है सदियों से
वह पूछती कि डायन के घूर लेने से ही कैसे राख बन जाती है
थाली में रखी खीर-पूड़ी

वह थोड़ी बड़ी हुई तो पूछने लगी कि भाई क्यों नहीं उठाता
झूठे बर्तन खाना खाने के बाद
क्यों नहीं घिसता वह भी बर्तन चौरे पर बैठकर
उसने पूछा बाबा से कि क्यों नहीं पहन सकती वह फ्रॉक
वह जानना चाहती थी कि क्या अन्तर है भैया की और उसकी टाँगों में
वह अपनी देह में हो रहे परिवर्तनों के लिए उत्सुक रही बहुत
अपना दुपट्टा उघाड़ कर देखती वह अपने सीने के उभार को

वह भी उन्मुक्त हो साइकिल चला हवा से करना चाहती थी बातें
जिसमें लहराता रहे उसका दुपट्टा हवा में
लेकिन रोक दिया उसे उसके ही छोटे भाई ने

उसे दसवीं के बाद शहर जाकर स्कूल पढ़ने की इजाज़त न थी

उसने पूछा माँ से कि सत्यनारायण की कथा में क्या दोष था उस बेटी का
जिसे कि सज़ा मिली अपने पति से मिलने जाने की
कि क्यों हर व्रत और कथा में स्त्रियों को ही मिलता रहा है दंड
पूछा उसने माँ से कि क्यों रखती है वह जितिया केवल भाइयों के लिए
कि क्या नहीं हुई थी उसे ख़ुशी उसके जन्म की
कि क्या नहीं चाहती कि वह भी जिए लम्बी उम्र
पूछा उसने कि माँ की तरह पिता क्यों नहीं रहते निर्जला
माँ की लम्बी उम्र के लिए
पूछा उसने कि पुरुषों के बालों में क्यों नहीं होती लम्बी माँग
जिसका रास्ता स्वर्ग के द्वार से जुड़ता हो

वह पूछती रही सवाल बरसों से
लेकिन नहीं आया कोई जवाब ऐसा जो सन्तुष्ट कर पाता उसे
और एक दिन ब्याह दिया गया उसे उसकी इच्छा के बिना
उसने फिर सवाल पूछा लेकिन माँ के पास नहीं था जवाब
विदा हो गई वह उस घर, उस द्वार से सदा के लिए
जिसे लीपती आ रही थी न जाने कितने बरसों से

वह बँध गई गृहस्थी की चक्की से और खींचने लगी कोल्हू
अपने कन्धों पर
अब उसके ज़ेहन में सवाल नहीं आते
अब तो वह घूम रही है गोल-गोल
ऐसे जैसे चलते-चलते लाँघ जाएगी पृथ्वी को
लेकिन वह इस सबसे बेख़बर नहीं जानती कि
उसके अधूरे सवाल टँगे हैं ब्रह्मांड में आज भी
अपने जवाबों के इन्तज़ार में।

वे जो चले गए बेवक़्त, अब किसी नए पते पर मिलेंगे

(कोरोना की महामारी में बिछड़ गए साथियों के लिए)

वे जिन्हें जीना था अभी और
देखने थे कई ख़्वाब खुली आँखों से बैठ किसी नदी के किनारे
जिन्हें बिताने थे न जाने कितने पल अपने साथी की बाँहों में
जिन्हें सँवारना था जीवन अभी अपने फूल से बच्चों का
वे जिन्होंने देखे थे कई ख़्वाब अपनों के लिए
वे जो बिताना चाहते थे अभी लम्बा वक़्त
हँसते और ठहाके लगाते हुए
और दीवारों को भर देना चाहते थे संग-साथ की ख़ूबसूरत तस्वीरों से
वे अब किसी नए पते पर मिलेंगे

वह लड़का जिसने लिखा था अभी-अभी
अपना पहला प्रेमपत्र, वह रह गया अनुत्तरित
वह स्त्री जिसकी मुस्कुराहटें थीं उसके होने की पहचान
जिसने जीवन की गुत्थी को सुलझा लिया था अपनी एक मुस्कान से
जिसके कन्धे पर सिर रख निश्चिन्त सोता था उसका साथी
वह स्त्री जिसके बच्चे बेफ़िक्र सो जाया करते थे उसकी गोद में
कि मुस्कुराती है माँ तो समझो सब अच्छा है
वह स्त्री चली गई संग अपनी मुस्कुराहटों को समेटे

अपने अन्तिम पलों में बेदम थीं उसकी साँसें
आज उसका साथी समझा रहा है अपने नन्हे बच्चों को
कि नहीं गई है वह कहीं, बस बदल लिया है उसने अपना पता
वह अब एक नए पते पर मिलेगी वैसी ही मुस्कुराती

ऐसे सैकड़ों लोग मेरी नींद में आते हैं
उनकी साँसें फूल रही हैं, उनकी आँखें फटी जा रही हैं
वे जीने के लिए माँगते हैं साँसों की भीख
वे अभी कुछ और दिन जीना चाहते हैं अपनों के लिए
सुबह-सुबह पत्तों पर गिरी ओस की बूँद को
अपनी मुट्ठी में बन्द करने के लिए
अपने बच्चों के फूले हुए गालों पर गिरे आँसुओं की बूँदों को
सहेजने के लिए

उनकी आँखों में एक गहराई है
नीले पड़ रहे हैं उनके नाख़ून
वे बेबस से देखते हैं मेरी ओर
और फिर अगले ही पल डूबते चले जाते हैं
गहरे पानी में
वे ख़ामोश हैं इस पल
मैं देखती हूँ उन्हें उनकी आँखों में उतरकर और
घबराकर उठ बैठती हूँ नींद से
डूबने लगती हैं मेरी साँसें भी
क्योंकि जानती हूँ मैं
कि जो चले गए वे अब नहीं लौटेंगे कभी
उनका कहीं कोई नया पता नहीं है।

मैं चाहती हूँ मेरी कविताएँ बन जाएँ समानान्तर इतिहास

जब गुज़र जाएगा इन हत्याओं का दौर
जब हवाओं से ग़ायब हो जाएगी जलती लाशों की गन्ध
जब सड़कों से मिट जाएँगे ख़ून के धब्बे
जब मेरी-तुम्हारी स्मृतियों से धुँधले पड़ जाएँगे
लाशों से पटे श्मशान के दृश्य
जब नदियाँ भूल जाएँगी कि इनकी लहरों में बहकर आईं थीं अनगिनत मृत देहें
जब हमारे कान दूर निकल आएँगे
चीख़ों, चिल्लाहटों, पुकारों और सिसकियों के शोर से
जब क्रंदन और अट्टहास के जानलेवा शोर से मुक्त हो जाएगा आसमान
जब एक बार फिर लौटेगी ज़िन्दगी पटरी पर
मैं चाहती हूँ मेरी कविताएँ हथौड़े-सी मार करें हमारी चेतना पर

जब एक बार फिर धर्म, जाति, रंग और कपड़ों से पहचाना जाएगा हमें
जब हम भूलकर अनाथ बच्चों के बेबस चेहरे
थाली-सी बजती भूखे पेट की अँतड़ियों
अपने कन्धों पर ढोए चले जाते साँसों की मोहलतों
और श्मशान में अपनी बारी के इन्तज़ार में पड़ी लाशों की अन्तहीन पंक्तियों को
एक बार फिर उनके षड्यन्त्र में शामिल होने के लिए उकसाए जाएँगे
मैं चाहती हूँ मेरी कविताएँ किताबों से निकलकर हवा में फड़फड़ाती रहें

जब हत्याओं के इन आँकड़ों का विघटन किया जा रहा होगा
जब अपने बच्चे की बुझ चुकी चिता से लिपटी माँ के दृश्य पर
स्याही पोतकर छिपाया जा रहा होगा उसे इतिहास की मोटी-मोटी किताबों में
जब तानाशाह के पक्ष में लिखा जा रहा होगा इतिहास
और सम्मानित किया जा रहा होगा विदुषकों को भरे दरबार में
मैं चाहती हूँ मेरी कविताएँ गवाह बन खड़ी हो जाएँ
इन ख़ूनी इतिहासों के विरुद्ध
जिनकी नींव में दफ़्न हैं न जाने कितनों की लाशें, सिसकियाँ और बेचैनियाँ

जब दफ़नाया जा रहा हो सच को
इतिहास के स्वर्णिम अक्षरों के नीचे
मैं चाहती हूँ ये कविताएँ गूँजती रहें दम-भर
और खड़े करती रहें प्रश्न
प्रायोजित सत्यों, तथ्यों और इतिहासों पर।

यह उनींदी रातों का समय है

यह उनींदी रातों का समय है
हर नई रात अधूरी नींदों की कड़ी में जुड़ती जाती है और
मैं अँधेरों के बीच दोनों आँखें खोले बीतते जाते वक़्त की
ख़ामोश गवाह बनी बैठी हूँ

मेरी आँखों के आगे से गुज़र जाते हैं न जाने कितने-कितने दृश्य
जिनका आपस में कोई तारतम्य नहीं है
किसी एब्स्ट्रैक्ट नाटक की तरह
एक दृश्य की पीठ पर सवार होकर आता है दूसरा दृश्य

मैं पल-भर के लिए बन्द करती हूँ आँखें कि
नदी के किनारे दिखाई देते हैं लाशों के ढूह
अगले ही पल बदल जाती है वह नदी समुद्र के किनारे में जहाँ
औंधे मुँह पड़ा है एक बच्चा न जाने कितने बरसों से

फिर बदलता है दृश्य और दिखाई देने लगते हैं लोग
लम्बी-लम्बी क़तारों में अपनी बारी का इन्तज़ार करते
क़तार में लगे वे लोग फिर तब्दील हो जाते हैं पंक्तिबद्ध लाशों में
जिन्हें मयस्सर न हो सकी सुकून की मौत भी

यहाँ गड्डमड्ड हो चुका है दुनिया का नक़्शा
एक परिचित-सा धनवान नोटों के ढेर पर बैठा कर रहा है अट्टहास
उसके साथ कुछ और ताक़तें रच रही हैं षड्यन्त्र
इंसानियत के ख़िलाफ़

मैं टटोलना चाहती हूँ अपने मस्तिष्क को
कि कान भेदने लगती है उन अनाथ बच्चों की आवाज़
जिनके माँ-बाप दोनों ने ही तोड़ दिया अस्पताल के दरवाज़े पर दम
उन्हें बस उनके हिस्से की साँसों की दरकार थी
फिर न जाने कहाँ से ये बच्चे आगे बढ़कर थाम लेते हैं हाथ
फिलिस्तीन में अभी-अभी अनाथ हुए बच्चों का

इन सारे दृश्यों से घुटने लगता है मेरा दम
मैं भाग जाने के लिए इस सब से बढ़ाती हूँ क़दम दरवाज़े की ओर
कि देखती हूँ दरवाज़ों को बन्द कर दिया गया है हमेशा के लिए
और दरारों से झाँक रही हैं कितनी मासूम आँखें

अपने गले पर हाथ रखे मैं साँसों की तलाश में बढ़ाती हूँ हाथ
और नापने लगती हूँ अपनी साँसें और साँसों की गति
मुझे वहाँ दुनिया-भर के मज़लूमों की मासूम निगाहें दिखाई देती हैं
जो अब जवाबों के लम्बे और अन्तहीन इन्तज़ार के बाद सूख गई हैं।

नीली पड़ गई है पृथ्वी की देह

मेरी बेटी अब खिलौनों और कहानियों की रंग-बिरंगी दुनिया से
उकताने लगी है
वह पंछी की तरह अपने खोल से बाहर आने को है आतुर

वह सवाल पूछने लगी है

वह पूछती है सवाल इतिहास के, भूगोल के
वह जानना चाहती है कि कैसे बनी यह दुनिया
कि ब्रह्मांड में घूम रहे इतने सौर पिंडों में से यहीं क्यों जन्मा मनुष्य
और यह कि इतने बड़े ब्रह्मांड का हिस्सा होकर भी
कैसे इतना तुच्छ हो गया वह
वह जानना चाहती है कि कैसे बाँट लिया उसने
अपने से दिखते लोगों को जाति और धर्म के खाँचों में
वह जानना चाहती है कि कैसे खींच ली लकीरें
पानी और मिट्टी के बने इस गोले पर
जो घूमता ही आ रहा है न जाने कितनी सदियों से
अपनी ही धुरी पर

वह पूछती है कि क्या सचमुच है इस दुनिया के पार
कोई और दुनिया
और यह कि क्या उन दुनियाओं के निवासी जानते हैं कि

पृथ्वी पर खींच दी हैं कितनी लकीरें इनसानों ने
कहती है वह कि अच्छा ही हुआ कि मनुष्य नहीं बस पाया अभी
और किसी ग्रह पर, नहीं तो खत्म हो जातीं
चन्द्रमा में बैठी बूढ़ी नानी की कहानियाँ
कि नानी बरसों से कात रही है सूत चन्द्रमा के भीतर रखे अपने चरखे पर
और बुनती है झिंगोला चाँद के लिए
बिटिया कहती है कि होता मनुष्य यदि चन्द्रमा या कि मंगल पर
तो खींच देता वहाँ भी लकीरें देश, जाति, धर्म, लिंग के आधार पर
और इन सबको देखकर सन्न हो जाती बूढ़ी नानी
और थम जाता उसका चरखा
भूल जाते ग्रह अपने असली रंग और सीरत

लेकिन वह ख़ुश है इस बात से कि पृथ्वी का चटख नीला रंग
अभी भी दिखता है नीला, ब्रह्मांड में घूमता अपनी धुरी पर
और अपने दोस्तों को नहीं दिखाती पृथ्वी, चोटें अपनी देह की
जो दी हैं मनुष्य ने बरसों से

मैं नहीं बताना चाहती
विज्ञान और भूगोल की कठिन पहेलियों में उलझी अपनी बेटी को
कि पृथ्वी की सतह पर जो दिखता है नीला रंग वह
पानी का नहीं बल्कि उसकी देह पर पड़ी चोटों का रंग है
जिससे नीली पड़ गई है पृथ्वी की देह।

मैं धीरे-धीरे भूलने लगी हूँ वे गीत जिन्हें माँ गुनगुनाती थी

मेरी माँ अक्सर गुनगुनाया करती थीं
गुनगुनाते रहना शायद आदत थी उनकी
फ़िल्मी गीत से लेकर लोकगीत तक और
नवरात्रों में देवी की आराधना करते हुए भी वह गाती ही रहती थी
मैंने माँ को हर अच्छे-बुरे वक़्त में गुनगुनाते देखा है
ऐसे जैसे रास्ते में आई चट्टानों को मार रही हो वह ठोकर
अपने इन मासूम गीतों से

मेरी स्मृति में सदा गाती और गुनगुनाती माँ
गहरे चटख रंगों की तरह दर्ज है
आज जब इतने बरसों बाद याद करती हूँ अपने बचपन
और पुराने घर को
वह अतीत मेरी आँखों के आगे दृश्यों में उतर आता है
जिसके नेपथ्य में बजते रहते हैं माँ के गुनगुनाए गीत
अपने होने न होने के एहसास से परे

मैंने अपने बड़े होने के क्रम में
माँ के गीतों को साथ-साथ महसूस किया है

ऐसे जैसे पुरखे हों हमारे जो अदृश्य रहकर भी
थामे ही रहते हैं हमारा हाथ अच्छे-बुरे हर वक़्त में

माँ दूर है आज मुझसे और मैं याद करती हूँ उन्हें तो
याद आते हैं वही गीत किसी मूर्त रूप में
जिनमें बन जाती है माँ की तस्वीर

इस बढ़ने, याद करने और भूलने के क्रम में
भूल रही हूँ मैं वे गीत जो धरोहर हैं मेरी
अपने बेहद उदास वक़्त में गुनगुनाती हूँ कोई गीत जो गाती थी माँ
लगता है जैसे मेरे सिरहाने ही बैठी है माँ मेरे बालों को सहलाती

लेकिन अब बिसरने लगे हैं माँ के गुनगुनाए गीत मुझे
जो अच्छे-बुरे हर वक़्त में सहारा रहे हम सब भाई-बहनों का
वे बूझे-अबूझे अनगढ़ गीत ही थे जो सहारा बने रहे हम सब का
और तेज़ तूफ़ानों में भी जुड़े रहे हम अपनी जड़ों से
बिसरने के इस क्रम में बिसरते जा रहे ये गीत
ऐसे जैसे सिरहाने बैठी माँ धीरे-धीरे खिसककर
दूर हो रही है मेरी देह से
और अँधेरी गुफाओं में मुझे अकेला छोड़ विदा ले रही है मुझसे

मैं अपनी माँ की इस नाज़ुक उपस्थिति को सहेजे रखना चाहती हूँ सदा के लिए
ताकि दूर रहकर भी दूर न हो माँ
वह सदा रहे उपस्थित इन गीतों की अनगढ़ पंक्तियों में
जिन्हें मैं सदियों तक गुनगुनाती रहूँ।

अनुपस्थिति

अँधेरी खोहों और काले सायों से घिरा
यह कैसा समय है
इन दिनों मुझे हर शै डूबती-सी नज़र आती है
जैसे उसके पैरों की ज़मीन सिर्फ़ आभासी हो
मैं सड़क पर चलती हूँ तो लगता है कि
यूँ ही चलते-चलते जब दूर निकल आऊँगी मैं
यह सड़क बदलकर अपना चेहरा समा लेगी मुझे अपने भीतर और
मैं कभी लौट नहीं पाऊँगी इन्तज़ार करते अपने बच्चों तक

रात को गहरी नींद में भी काले साये नहीं छोड़ते मेरा पीछा
मैं छिटकाती हूँ इन्हें अपनी आँखों के सामने से
ये छिपकर सवार हो जाते हैं मेरी पीठ पर और
इनके बोझ से दबी मैं हाँफती रहती हूँ हर पल

यह कैसा वक़्त है कि हर शै कुछ दूर साथ चलते-चलते
अचानक तब्दील हो जाती है अँधेरे में
और मैं ठिठकी-सी खड़ी रह जाती हूँ देखती
इन दिनों बिना किसी बात फूट-फूट कर रोने का करता है मन
और मैं अपनी मुस्कुराहटों की चादर में छिपा लेती हूँ अपना चेहरा
कि न दिख पाए यह उनको जो प्रिय हैं मुझे बहुत

इन दिनों आँखें न जाने कहाँ खो सी जाती हैं
बेहद ज़रूरी कामों के बीच उलझी मैं धकेल रही होती हूँ ख़ुद को ही
कि फ़ुर्सत के कुछ पल तलाशूँगी कभी ख़ुद से मिलने को
जब अपने ही काँधे पर रख अपना सिर
मैं रो लूँगी मन-भर उन सब ग़मों के लिए
जो धीरे-धीरे इकट्ठा होते जा रहे हैं मेरे भीतर और मैं उन्हें अनदेखा कर
मुस्कुराने की दम-भर करती हूँ कोशिश
मेरे बेहद अपने देख रहे हों शायद मेरे भीतर कुछ टूटता बड़ी ख़ामोशी से
और मुझे बहलाने को बेख़बर होने का रचते हों छद्म

वे सब जो छूटते जा रहे हैं हमसे, इधर-उधर
देस-परदेस, अपने-पराए की सीमाओं में
वे चुपके से जा बैठते हैं मेरे भीतर
और मैं उनका बोझ ढो रही हूँ अपनी पलकों पर
मैं डूब रही हूँ उन सबके अदृश्य बोझ से धीरे-धीरे चुपचाप
जैसे कोई साध्वी समा रही हो समाधि में निर्द्वंद्व
मुझे बाहर से देखते लोग नहीं हैं गवाह
मेरे डूबते चले जाने की मद्धिम प्रक्रिया के
जब मैं डूब जाऊँगी पूरी तरह ख़ुद में ही
वे बस मेरी अचानक हुई अनुपस्थिति के गवाह होंगे।

मेरे समय की भाषा

मेरे समय की भाषा विस्मृति से गुज़र रही है
वह भूल गई है कि हमारे पुरखों ने रखे हैं
अपने समय के सबसे नुकीले सच भाषा के गर्भ में और
जन्मी हैं न जाने कितनी विद्रोही कविताएँ
जिन्होंने रास्ता दिखाया है जब अँधेरा सबसे अधिक घना था
मेरे समय की भाषा ने ओढ़ ली है मृत देह की सी ठंडक
अब नहीं उपजती कोई उष्मा उससे
नहीं तो क्रूरता के इस अट्टहास को देख
दौड़ता गर्म ख़ून उसकी रगों में और हिल जाते वे तख़्त जिन्हें ग़ुरूर है
अपनी अजेयता का

मेरे समय की भाषा में पसरा है
ठंडा गाढ़ा अन्धकार कि
भूले से भी नहीं दिपदिपाता उम्मीद का कोई चिराग वहाँ
कवियों और बुद्धिजीवियों ने साध ली है गहरी चुप्पी
इतिहासकार व्यस्त हैं दिन को रात कहने की जद्दोजहद में
इस बीच मैं लिख रही हूँ एक कविता
किताब के छूटे हाशियों पर और सहमकर
बन्द कर देती हूँ किताब।

अन्ना अख्मातोवा को पढ़ते हुए

मैं पढ़ती हूँ अन्ना अख्मातोवा को और
मेरी आँखों के सामने उसका इतिहास
खड़ा हो जाता है हमारा वर्तमान बनकर
जहाँ एक स्त्री खड़ी है नियन्ताओं के दरवाज़ों पर
अपने अचानक लापता हो गए बेटे की तलाश में

मैं पढ़ती हूँ अन्ना अख्मातोवा को और उस स्त्री का चेहरा
तब्दील होने लगता है अन्ना अख्मातोवा के गोरे, सूखे और पपड़ाए चेहरे में
जो ठंडी, रूखी हवाओं से और बेनूर हो गया है
उस स्त्री के चेहरे में समा जाती हैं अन्ना अख्मातोवा की रिक्वीम की वे सारी स्त्रियाँ
जो बरसों से खड़ी है पिछली सदी की दहलीज़ पर
किसी बेहद अपने के कभी न ख़त्म होनेवाले इन्तज़ार में

अन्ना अख्मातोवा पूछती है सवाल और उसकी गूँज
देश और काल की सीमाएँ लाँघ आ पहुँचती है किसी ऐसी ज़मीन पर
जो दूर है बहुत लेकिन क़रीब आने पर दिखाई देती हैं
वैसी ही न जाने कितनी स्त्रियाँ अपनों के इन्तज़ार में

ये स्त्रियाँ देख रही हैं काली मनहूस सड़कों को बड़ी उम्मीद से
कि शायद इन्हीं रास्तों से लौटते दिखेंगे वे सब जो

गुम हो गए गहरी खाइयों में
केवल कुछ सवाल पूछ लेने के जुर्म में
अख्मातोवा आ खड़ी होती हैं इन चेहरों के बीच
और उठाती है दोनों हाथ दुआ में
उन सब अचानक ग़ायब हो गए लोगों के लिए।

मैं सृष्टि की आदिम स्त्री हूँ

मैं सृष्टि की आदिम स्त्री हूँ
अपने रूप, गन्ध, गुण, भूख और प्यास में
और चाहती हूँ एक आदिम पुरुष
जिसने ओढ़े न हों पुरुषत्व के वस्त्र अभी तक
वह अपनी निर्मिति में आदिम हो ठीक मेरी ही तरह
और फिर से रची जाए यह सृष्टि

एक आदिम स्त्री एक आदिम पुरुष के पास जाती है
अपने रूप, गन्ध, गुण, भूख और प्यास को लिए
लेकिन वहाँ बैठा मिलता है सभ्यता की यात्रा पर निकला एक ऐसा पुरुष
जिसने इस यात्रा में ओढ़ लिये हैं पुरुष होने के सारे अलंकार
आदिम स्त्री उसकी ओर बढ़ाती है अपना प्रणय निवेदन
लेकिन उसकी आँखों का बदला रंग देख डर जाती है
वह छिटककर दूर खड़ी हो जाती है और
पुरुष के बुलावे पर भी लौट नहीं पाती उस तक
सभ्यता की गर्द में लिपटा पुरुष उसे अनदेखा कर देता है असभ्य कहकर
और फिर शुरू होती है सभ्य स्त्री की निर्मिति की यात्रा

ऐसी ही अनेक सभ्य स्त्रियों के बीच खड़ी मैं असभ्य स्त्री
आदिम ही रहना चाहती हूँ
और पुकारना चाहती हूँ अपने आदिम पुरुष को हर पल।

मैं चाहती हूँ तुम चाहो मुझे मेरे निपट अनगढ़ रूप में

उम्र के इस पड़ाव तक आते-आते जो कमाई है चाँदी
मैंने अपने बालों में
मैं उन्हें रँगना नहीं चाहती काले, सुरमई, भूरे या किसी भी रंग से
यह चाँदी मेरे रूप की असली पहचान है
जिस पर कोई आवरण नहीं
मैं अपने होंठों और गालों को रँगना नहीं चाहती किसी भी रंग से
क्योंकि ये रंग ढँक लेंगे मेरी साँवली और बेनूर होती रंगत को
मैं चाहती हूँ तुम चाहो मुझे मेरे निपट अनगढ़ रूप में
तुम देखो मेरी ओर तो उसमें प्रेम हो मेरे लिए
मेरे रूप के लिए नहीं
कृत्रिम रंगों से सजी मैं भी कृत्रिम ही हो जाऊँगी
और कृत्रिम ही हो जाएगा तुम्हारा प्रेम मेरे लिए
क्योंकि वह मेरे कृत्रिम रूप की इमारत के सहारे ही खड़ा होगा।

चुनाव

उन्होंने कहा दाएँ चलो
दायाँ रास्ता सीधा और सुगम है
मैं मुड़कर बाएँ रास्ते की ऊबड़-खाबड़ और पथरीली राहों को देखने लगी
उन्होंने कहा आस्था के हरे समतल को चुनो
मैंने तर्क और सवाल की दुर्गम पहाड़ियों को चुन लिया
उन्होंने कहा सिर झुकाने से जीवन की हर राह हो जाती है आसान
और मेरे सिर को दबा दिया अपने पैर की कठोर एड़ी से
मैं एड़ी के नीचे दबी गर्दन उठाती रही

इस तरह मेरे हिस्से आए दुर्गम रास्ते, कँटीले झाड़
तनी हुई भवें और सिकुड़े हुए माथे

मैं इन तनी हुई भवों को पुल बनाकर
दुर्गम रास्तों के बीच अपने लिए जगह बनाने की जद्दोजहद में हूँ।

जद्दोजहद

कई बार मन बहुत रोने को करता है
लगता है किसी अँधेरे कोने में दुबक
रो लूँ मैं जी भर

ऐसा लगता है मेरे रोने के इस क्रम में रो रहे हैं वे सब
जो सालों से अपना ग़म ज़ब्त किए बैठे हैं

ज़िन्दगी जीने की जद्दोजहद में दरकिनार करती जाती हूँ वह सब कुछ
जो गुज़रता है मेरी आँखों से और आत्मा की ज़मीन पर
अपने आने और उदास लौट जाने के निशान छोड़ जाता है
वे एहसास नहीं जानते कि उनके पाँवों के निशान कितने गहरे धँसे हैं
मेरी आत्मा की कच्ची ज़मीन पर

और फिर एक दिन सारी ज़द्दोजहद को दरकिनार करते हुए
हावी हो जाते हैं मेरे मस्तिष्क पर
मेरी आँखों पर चढ़े चश्मे को देख समझते हैं लोग
कि शायद उम्र के साथ कमज़ोर हो गई हैं मेरी आँखें
लेकिन वे नहीं जानते कि
मेरी आँखों पर क़ब्ज़ा जमा लिया है उन सभी ने

जिन्हें मैं अनदेखा करती रही बरसों से
और अब उनसे पार के दृश्यों को देखने के लिए
आँखों पर चश्मा चढ़ाए बैठी हूँ।

बीना, क्या तुम जानती हो

बीना, क्या तुम जानती हो कि आज शहर के सबसे बड़े अख़बार में
तुम्हारी तस्वीर छपी है
क्या तुम जानती हो कि बहुत जतन से
ढूँढ़ रहे हैं तुम्हारे परिवार के लोग तुम्हें
क्या जानती हो तुम कि तुम्हारी तस्वीर के साथ
तुम्हारे रंग-रूप का भी बखान है
तुम्हारी गुमशुदगी के लिए दर्ज उस विज्ञापन में

ठीक इसी तरह का एक विज्ञापन छपा था अख़बार में
तुम्हारे रूप-रंग, क़द-काठी और नैन-नक्श को लेकर
जब तुम्हारे लिए वर ढूँढ़ने की कोशिश कर रहे थे तुम्हारे घर के लोग
अख़बार से ढूँढ़े गए वर के साथ ब्याही गई तुम
और आज फिर अख़बार में छपी है तुम्हारी तस्वीर
पाँच फुट तीन इंच, तीखे नैन-नक्श, गोरी, सुन्दर और
सुशील की विशेषताओं के साथ
छपी है इस बार एक नई जानकारी कि
तीन बच्चों की माँ हो तुम और अचानक ग़ायब हो गई एक दिन

बीना, क्या तुम जानती हो कि
तुम्हारे ग़ायब हो जाने के दिन व तारीख़ की सूचना भी छपी है अख़बार में
पुलिस ढूँढ़ रही है तुम्हें उसी दिन से

लेकिन तुम्हारी इस तस्वीर को देखकर बता सकती हूँ मैं
कि इस तारीख़ व दिन से बहुत पहले लापता हो चुकी थीं तुम
तुम लापता थीं अपनी इच्छाओं से, अपने सपनों से
तुम्हारे आत्मसम्मान से लापता हुए तो कई बरस हो चुके थे तुम्हें

अब जब तुम लापता हो दुनिया की नज़र में
मैं उम्मीद करती हूँ तुम पता खोज रही होगी उन तितलियों का
जिन्हें तुमने कई बार पकड़ना चाहा पर पकड़ न पाई
तुम पता लगा रही होगी उन जुगनुओं का
जो तुम्हारी आँखों के सामने से गुज़रे तो कई बार
लेकिन तुम उन्हें मुट्ठियों में न दबोच पाई
तुम तलाश रही होगी उस इन्द्रधनुष को
जो दूर पहाड़ों पर उभरता है बारिश के ठीक बाद
धूप और सात रंगों के बीच जुगलबन्दी करते हुए
तुम छूकर देखना बादलों को भी कि क्या
सचमुच वे मुलायम होते हैं रुई के फाहों की तरह

बीना, अब जब तुम लापता हो सब की नज़र में
तो ख़ुद से मिल लो जी-भर
और जब लौटो तो ऐसे लौटना
जैसे लौटता है शरद के बाद बसन्त
अपने होने के अहसास से लबरेज़।

एक विक्षिप्त युवा को सड़क पर देखकर

न जाने क्या दरक गया भीतर ही भीतर उसे देखकर
वह जवान देश का एक जवान नागरिक था
जो नहीं जानता था जवानी के ठीक-ठीक मायने
रघुवीर सहाय की कविता से निकला वह एक नागरिक था
जिसका फटा सुथन्ना रघुवीर सहाय के देखे यथार्थ से भी कहीं अधिक फटा था

वह उदास नहीं था, न ही असहाय
बल्कि उदासीन था उस सबसे जो घट रहा था उसके चारों ओर
उसकी इन्द्रियों में से सबसे अधिक सक्रिय थी जीभ की इन्द्री
जो पेट से ठीक-ठाक तालमेल बैठाए हुए थी
उस युवक के झोले में थे कुछ रोटी के टुकड़े
सड़े हुए फल और वह सब कुछ जो त्याज्य है हमें
वह सड़क किनारे बैठ बड़ी ही तन्मयता से चबा रहा था रोटी के टुकड़े

उसकी उदासीनता ने सबसे अधिक उदास किया मुझे
सड़क पर बहुत तेजी से घट रहे दृश्यों के बीच वह एक ठहरा हुआ दृश्य था
या कि कोई अड़चन
विक्षिप्त था वह या निर्लिप्त, ठीक-ठीक नहीं समझ पाई मैं

खुद को उसकी नज़रों से बचाती लौट आई हूँ मैं
अपने घर की सुरक्षित चारदीवारी में

लेकिन सड़क का वह दृश्य और उसमें अड़चन बनकर बैठा वह विक्षिप्त युवा
साथ ही चला आया है और मेरे खाने की टेबल के सामने बैठ
उतनी ही तन्मयता से चबा रहा है सड़क पर
फेंकी रोटी के टुकड़े।

बड़ी होती बेटी से एक संवाद

अब जब बड़ी हो रही हो तुम
बड़े हो रहे हैं तुम्हारे सपने
मेरे कद से ऊँचा निकल आया है तुम्हारा कद
मेरे जूतों में ठीक-ठीक समाने लगे हैं तुम्हारे पाँव
मेरे कपड़ों के नाप में उतर आई हो तुम
तो मैं अपने पास तुम्हें बैठा कुछ कहना चाहती हूँ तुमसे

मेरी बेटी, जीवन धूप-छाँव का खेल है
और मैं नहीं चाहती कि तुम्हें सदा सहेज कर रखूँ अपने आँचल की छाँव में
कि आँचल की छाँव कभी खिलने नहीं देगी तुम्हें ठीक से
जीवन की धूप अखरती तो है जरूर
लेकिन फिर हम आँचल की छाँव से निकल
धीरे-धीरे धूप में आँखें खोलने का हुनर सीख जाते हैं
और सच कहती हूँ मेरी बच्ची
धूप में जब-जब खोलोगी तुम अपनी आँखें
तुम्हारे चेहरे का तेज और-और निखर जाएगा

बढ़ती उम्र के साथ तुम्हारे चेहरे का ललछौंहा रंग
अब परिपक्व होता जा रहा है
लेकिन सच कहूँ तुम्हारा यह रूप मुझे अधिक प्रिय है
कि यह रंग तुम्हारे अपने अनुभवों से जन्मा है

अब तुम्हें बुरी नजर से, गर्म-सर्द हवाओं से
और दुनिया से बचाने के लिए मैं नहीं लगाती तुम्हारे माथे पर काजल का टीका
लेकिन आज भी मेरी आँखों का काजल तुम्हारे माथे के लिए ही है

तुम्हें जब अपने कपड़ों में देखती हूँ तो अपने ही रूप की छाईं पाकर
ठिठक जाती हूँ और देर तक निहारती रहती हूँ
और फिर दोनों हाथ दुआओं में उठ जाते हैं
कि तुम्हारे इस रूप पर, तुम्हारे इस उजास पर
मेरे बचपन का कोई साया न पड़े

तुम सिर्फ मेरी बच्ची नहीं
मेरी कल्पनाओं में बसी स्त्री का वह रूप हो
जिसे मैं हर पल और अधिक खिलते हुए देखना चाहती हूँ
और इस तरह तुम्हें जन्म देकर सृष्टि को बेहतर बनाने के क्रम में
अपनी भूमिका अदा करती हूँ।

बॉस्केट बॉल खेलती तुम

हाथ में लेकर बॉस्केट बॉल जब तुम
छलाँग लगाती हो बॉस्केट की तरफ
तो लगता है जैसे मेरे ही किसी अधूरे ख्वाब की
जिन्दा तस्वीर हो तुम

गेंद को लेकर दौड़ते, शूट करते, डिफेंस करते देख
ज्यों मेरे जीवन का कैनवस खिंचकर और बड़ा हो जाता है
इस कैनवस पर भरती हो तुम रंग कई
जो मेरे देखे रंगों की सीमा से बहुत-बहुत ज्यादा हैं

मुझे याद आती है कात्यायनी की कविता हॉकी खेलती लड़कियाँ
और उन्हीं के बीच से एक तुम खेल रही हो अपना खेल
अपने उत्साह और उमंग से
मैं एकबारगी सोचने लगती हूँ कि
तुम कात्यायनी की देखी लड़कियों से अलग हो शायद
या फिर उन्हीं में से एक

तुम खेलती हो और खेलती हैं तुम्हारी साथिनें
हवा में उछलकर ताली बजातीं, गेंद एक-दूसरे को पास करवातीं
हर बॉस्केट पर हवा में मुट्ठी तानतीं

और अगली बॉस्केट के लिए और-और दृढ़ हो जातीं तुम
जिद ठाने हो अपना सर्वोत्तम खेल जाने की

मेरी बच्ची, तुम्हें कात्यायनी की देखी लड़कियों से जाना है आगे
जिनके खेलकर लौटने पर
इन्तजार करते मिलते हैं उन्हें
देखने आए लड़के वाले
तुम बच्ची हो मेरी कल्पना सी खूबसूरत
तुम लौटोगी खेलकर तो खुश होंगे पिता
तुम्हारी ट्रॉफी हाथ में लेकर झूमेगा तुम्हारा भाई
हर प्रतियोगिता पर संबल बनकर खड़ी रहूँगी मैं

तुम छलाँग लगाओ अपने हिस्से की
और तोड़ लाओ आसमान से तारे और नक्षत्र कई
तुम झूमकर गिरो साथिनों पर
स्वागत करेगी धरती तुम्हारा
तुम्हारी तनी हुई मुट्ठी और मुस्कराती हुई भवें देखकर
फूल बरसा रही हैं सभी दिशाएँ

हॉकी खेलती लड़कियों से बॉस्केट बॉल खेलती तुम तक
हिन्दी कविता की यह यात्रा
दर्ज करे हर उस पहल को
जिससे बच्चियों की मुस्कुराहट का चाँद और-और बड़ा होता जाए।

रास्ते जो घर तक जाते हैं, बड़े हसीन लगते हैं

पहाड़ों के दुर्गम रास्ते हमेशा से आकर्षित करते रहे
ऊँची किसी चोटी से नीचे झाँकना
ऐसे जैसे कोई घाटी पुकार रही हो अपनी आड़ी-तिरछी रेखाओं में
मैंने उतरकर देखा इन आड़ी-तिरछी रेखाओं में
पहाड़ वहाँ से कहीं ज्यादा खूबसूरत दिखे

मैंने यात्राएँ कीं समुद्र के खुले सीने पर
पानी को चीरती जाती नाव जैसे
समुद्र के सीने में जमा जख्मों को कुरेदती रही
और समुद्र सिसकियाँ भरता रहा

नदियों तक भी पहुँची मैं
कभी पुलों को पार करके या फिर
नदी में गहरे धँस कर
नदियों ने मन भर सहलाया मुझे
और टीसते घावों पर रखे नरम फाहे

रातों को गहरी नींद में भी पुकारते रहे रास्ते
खिड़की वाली सीट मुझे प्रिय रही हमेशा से
कि मुझे मंजिलों से ज़्यादा रास्तों ने आकर्षित किया
टेढ़े-मेढ़े ये रास्ते शायद सबक थे कि

जीवन की पथरीली जमीन पर भी बनाई जा सकती हैं राहें
जो किसी अनजान मंजिल पर ले जाकर छोड़ दें

गड्डमड्ड ये रास्ते एक-दूसरे से कितने भी जुदा दिखते हों दूर तक
फिर चुपचाप मुसाफिरों को मंजिल तक पहुँचाने के लिए
थाम लेते हैं एक-दूजे का हाथ
और समा जाते हैं एक-दूजे में

इन नदियों, पहाड़ों, खाइयों, नीले समुद्र और
रास्तों से गहरा रिश्ता रहा मेरा
मुझे कोई वह लकीर कभी भाई ही नहीं
जो एक छोर से दूसरे छोर तक सीधी और सपाट हो
एक राह पर चलते-चलते दूसरी राह आकर्षित करती रही हमेशा
उसकी धूप, उसकी छाँव, उसके ऊबड़-खाबड़ टीले
बार-बार पुकारते रहे

कहीं भी रही मैं
पहाड़ पर बने किसी हसीन ठीये में
रेगिस्तान की रेतीली ठंडी रातों में
रेत के निर्जन ढूहों पर
या समुद्र के अलसाए किनारों पर
कितना भी रोमांच पैदा करती रहें गहरी काली सड़कें
रास्ते जो घर तक ले जाते हैं, सबसे हसीन लगते हैं।

तुम्हें गढ़ रही हूँ मैं

केवल नौ ही बरस के हो तुम
और तुम्हारे चेहरे पर है नौ बरस की मासूमियत
जटिल से जटिल सवाल पूछते भी तुम
ऐसे लगते हो जैसे मैंने अभी ही जन्म दिया है तुम्हें
मेरे रक्त और मज्जा में लिपटे तुम सीने से लगे हो मेरे
तुम्हारी आवाज की नरमाई को पकड़ सकती हूँ बड़ी सरलता से
कौन-से वर्ण, कौन-से स्वर पर लरजती है तुम्हारी जबाँ
किन वर्णों की तह में छिपा है तुम्हारा तोतला बचपन

किताबें पढ़ते हुए चौंक जाते हो तुम आज भी
जादुई किस्सों पर
इन जादुई किस्सों से निकले जादूगर और राक्षस
सताते हैं तुम्हें रातभर
और तुम मेरे सीने में सिर धँसा सोना चाहते हो

पर अपनी नरम जबाँ में ही कह जाते हो तुम कुछ ऐसा
जिसे सुनने की चाहत रखती आई है हर स्त्री
किताबें पढ़ते हुए तुम उँगली रख देते हो
उन सभी दृश्यों, शब्दों, अर्थों और अर्थों के पीछे छिपे अर्थों पर
जिन्हें गढ़ा है पुरुषों ने

तुम पूछते हो सवाल कि रसोई से लेकर किताबों तक
कैसे चली आई वह औरत जो सदियों से चूल्हा जला रही है
कि क्यों भाषा खुद स्त्रीलिंग होते हुए भी
पोसती रही पितृसत्ता को
कि क्यों स्त्रियाँ दोयम ही रहीं हर भाषा में
कि क्यों नहीं आए स्त्रियों के जिम्मे वे सब काम
जिनमें वे स्वतंत्र खड़ी दिखाई दें निर्णय लेतीं
कि क्यों घर, चौखट, समाज से लेकर
किताबों तक में कमतर ही दिखाई देती हैं स्त्रियाँ

तुमने बने-बनाए साँचों और ढाँचों पर सवाल खड़े किए
तुम खड़े हुए हर उस जगह मेरे साथ
जहाँ मेरी व्याख्याओं को सन्देह की निगाह से देखा गया

मैं सोचती हूँ कि इस कच्ची उम्र में ही कहाँ से आई
तुममें वह सब समझने की सलाहियत
जिन्हें उम्रदराजों ने बेमानी कहकर छोड़ दिया
कैसे पढ़ लेते हो तुम वह सब जो लिखा भी नहीं गया
बल्कि जो छिपा है शब्दों और पंक्तियों के बीच की चुप्पियों में

फिर सोचती हूँ कि मेरी ही रक्त-मज्जा से जन्मे
शायद वही पुरुष हो तुम जिसे गढ़ना चाहती है हर स्त्री
कि धीरे-धीरे आकार लेते तुम
इस धरती को सुन्दर बनाने की दिशा में उठा हुआ एक कदम हो।